THE STAIRS

GENEVA

stairs
genève

with the support of

SIG
Les énergies de Genève

BYRD HOFFMAN FOUNDATION, INC.
131 VARICK STREET
NEW YORK, NEW YORK 10013
(212) 620-0220

Robert M. Wilson

FAX: (212) 627-0129

May 28, 1998
New York

To Whom It May Concern:

I am pleased to write this letter on behalf of Carlos J. Soto who has worked closely with me on several different projects over a period of almost 12 months.

Our association began in the summer of 1997 when Mr. Soto was an intern at the Watermill Center on Long Island. Every year I invite an international group of students and young professionals to work with me at Watermill. Together in a workshop environment we develop theater and visual arts projects which are then realized in venues around the world. Mr. Soto worked with us to design a new theatrical co-production for the 1999 Lincoln Center Festival and the Festival d'Automne in Paris. He assisted in rehearsals and made costume drawings for a theater piece which will be presented in Italy and France later this year. He also built stage props for a special benefit performance which was presented last August.

Last winter Mr. Soto served for several weeks as costume apprentice to Frida Parmeggiani on my production of Wagner's "Lohengrin" at the Metropolitan Opera in New York.

From the very beginning of our collaboration, Mr. Soto was quick to grasp information and gained experience rapidly. He was continually willing and eager to take on every new task and he impressed me time and time again with his ability to communicate easily, clearly and effectively.

By being an assistant on several projects, Mr. Soto has been able to observe at close range the creative process of my work. I recognized early on in him a fine artistic sensibility and an exceptionally open, intelligent mind. He is able to both give and take direction freely, and he is an excellent team-player. As a member of my production team I came to rely upon him to enhance and preserve the detail and quality of my work.

Throughout our collaboration, Mr. Soto has been a dedicated, good-humored, dependable, self-motivated, organized and very supportive associate for me. I can heartily give him my highest recommendation and I will always be available to speak in his favor.

Sincerely yours,

Robert M. Wilson

GENÈVE

stairs
genève
avec le soutien des
SIG
Les Énergies de Genève

THE LOCATION

This catalogue could not have been realised without the generous support of Lombard Odier & Co., bankers in Geneva since 1798, to whom we extend our warmest thanks

LE CADRAGE

Ce catalogue a pu être réalisé grâce au généreux soutien de
Lombard Odier & Cie, banquiers à Genève depuis 1798,
auxquels nous adressons ici nos plus vifs remerciements

THE STAIRS

GENEVA
THE LOCATION

Curated by:
Dominique Astrid Lévy
Simon Studer

PETER GREENAWAY

MERRELL HOLBERTON
PUBLISHERS LONDON

THE STAIRS

GENÈVE

LE CADRAGE

Commissaires:
Dominique Astrid Lévy
Simon Studer

PETER GREENAWAY

MERRELL HOLBERTON
PUBLISHERS LONDRES

Association Stairs, Geneva
Dominique Astrid Lévy, President
Simon Studer, Vice-president
Benoît Dubesset, Technical conception and realisation
Alessandra Müller, Film-maker
Françoise Garnier, Press attachée
Fabienne Wolff, Assistant

AUA - Architectes et Urbanistes Associés
Lorenzo Lotti, Patrick Marmet, Laurent Zali

The VUE, London
Eliza Poklewski Koziell, Administration
Judy Adam, London co-ordinator

Lighting, *generously sponsored by Services Industriels de Genève*
Reinier van Brummelen

Photography
Richard Melloul

Sound Production
Chris Wyatt

Dance, *sponsored by Raymond Weil Geneva*
Compagnie Nomades - Le Loft - Vevey

The site plans were produced by AUA on the basis of plans belonging to the Surveyor's office of the canton of Geneva

Film-stills illustrated are by Steve Pyke, Marc Guillaumot, Claudio Franzini

First published in 1994 by
Merrell Holberton Publishers Ltd,
Axe & Bottle Court,
70 Newcomen Street, London SE1 1YT

All rights reserved

Part 1: ISBN 1 85894 008 7
Part 2: ISBN 1 85898 009 5
International combined edition:
ISBN 1 85894 010 9

Produced by Merrell Holberton Publishers
Design by Karin Dunbar Design, London
Printed in Italy by Grafiche Milani, Milan

Association Stairs, Genève
Dominique Astrid Lévy, Présidente
Simon Studer, Vice-président
Benoît Dubesset, Conception et réalisation technique
Alessandra Müller, Cinéaste
Françoise Garnier, Attachée de presse
Fabienne Wolff, Assistante

AUA - Architectes et Urbanistes Associés
Lorenzo Lotti, Patrick Marmet, Laurent Zali

The VUE, Londres
Eliza Poklewski Koziell, Administration
Judy Adam, Coordonnatrice (Londres)

Eclairage, *sous le haut parrainage des Services Industriels de Genève*
Reinier van Brummelen

Photographies
Richard Melloul

Sonorisation
Chris Wyatt

Danse, *sous le parrainage de Raymond Weil Genève*
Compagnie Nomades - Le Loft - Vevey

Les plans des sites ont été réalisés par le bureau AUA, architectes sur la base de plans officiels du service du cadastre de l'Etat de Genève

Les photos des films de Peter Greenaway sont de Steve Pyke, Marc Guillaumot, Claudio Franzini

Publié en 1994 par Merrell Holberton Publishers Ltd, Axe & Bottle Court,
70 Newcomen Street, London SE1 1YT

Tous les droits sont réservés

Première partie: ISBN 1 85894 008 7
Seconde partie: ISBN 1 85898 009 5
Edition combinée internationale:
ISBN 1 85894 010 9

Production: Merrell Holberton Publishers
Maquette: Karin Dunbar Design, Londres
Imprimerie: Grafiche Milani, Milan

SOUS LE HAUT PARRAINAGE DES SERVICES INDUSTRIELS DE GENÈVE

Comité d'Honneur

Madame la Conseillère
fédérale Ruth Dreifuss

Le Conseil d'Etat de la
République et Canton de Genève
Le Conseil administratif
de la Ville de Genève
Le Musée d'art contemporain
et moderne de Genève
La Télévision Suisse Romande
Le Journal de Genève et
Gazette de Lausanne

Madame Suzana Maus, Consul général
honoraire de la République Tchèque
Monsieur Philip J. Priestley, Consul général
de Sa Majesté britannique à Genève
Monsieur Kenneth F. Cooper,
Directeur général, Republic National Bank
of New York (Suisse) S.A.
Monsieur Louis Ducor, Président des
Services Industriels de Genève
Monsieur Michael J. Foley,
Président, The British-Swiss Chamber of
Commerce, Genève
Dr Gustav E. Grisard,
Président du groupe HIAG
Monsieur Simon de Pury,
Président de Sotheby's Europe

Monsieur André L'Huillier
Messieurs Pierre Darier & Bénédict Hentsch
Monsieur Pierre Mirabaud
Monsieur Yves Oltramare
Me Dominique Warluzel

Cet événement culturel est le fruit de concours aussi généreux qu'innombrables. C'est l'expression d'une vive reconnaissance que nous tenons à témoigner ici:

Aux Services Industriels de Genève
qui par leur importante contribution ont permis l'éclairage cinématographique de cette manifestation et plus particulièrement à leur section de l'Eclairage public

A la Ville de Genève
Le Maire de la Ville de Genève
Le Conseil Administratif
Le Département des Finances et de l'Administration générale
Le Département de l'Aménagement des Constructions et de la Voirie, en particulier les Services d'Architecture et des Bâtiments
Le Département des Affaires culturelles, en particulier la division Art et Culture et les Ateliers de Décor
Le Musée d'art et d'histoire
Le Département des Sports et de la Sécurité, en particulier le Service des Agents de Ville, le Service d'incendie et de Secours et le Service du Domaine public
Le Département des Affaires sociales, des Écoles et de l'Environnement, en particulier le Service des Espaces verts et le Service des Écoles et Institutions pour la Jeunesse

A L'Etat de Genève
Le Président du Conseil d'Etat
Le Conseil d'Etat
Le Département des Finances et Contributions
Le Département de l'Instruction publique, en particulier le Service des Affaires culturelles et l'École des Arts et Métiers
Le Département de Justice et Police, en particulier le Service de la Police, l'Office des Transports et de la Circulation et le Service d'Incendie et de Secours.
Le Département des Travaux Publics, en particulier la Police des Constructions, le Service des Monuments et Sites, les Bâtiments, la Direction des Ponts et Chaussées, la Division des Eaux, le Service de la Voirie et le Fond cantonal de Décoration et d'Art visuel

Le Département de l'Intérieur, Agriculture et Affaires régionales, en particulier, le Registre foncier, le Cadastre, l'Inspection du Service du Feu
Le Département de l'Économie publique

Et plus spécialement à:
Monsieur Olivier Vodoz, Vice-président du Conseil d'Etat, chargé du Département des Finances et du Département Militaire
Madame Martine Brunschwig Graf, Conseillère d'Etat, chargée du Département de l'Instruction publique
Monsieur Robert Hensler, Chancelier d'Etat
Monsieur Michel Rossetti, Maire de la Ville de Genève, Président du Conseil administratif, Département municipal des affaires sociales, des écoles et de l'environnement
Madame Jacqueline Burnand, Conseillère administrative de la Ville de Genève, Département municipal de l'aménagement, des constructions et de la voirie
Madame Madeleine Rossi, Conseillère administrative, Département municipal des finances et de l'administration générale
Monsieur Alain Vaissade, Conseiller administratif de la Ville de Genève, Département municipal des affaires culturelles
Monsieur Louis Ducor, Président des Services Industriels de Genève
Madame Erica Deuber Pauli, Directrice, Division art et culture, Département municipal des affaires culturelles
Monsieur Michel Baettig, Directeur, Service des affaires régionales, Département de l'intérieur, de l'environnement et des affaires régionales
Monsieur Jean-Pierre Ballenegger, délégué aux affaires culturelles du Département de l'Instruction publique
Monsieur Pierre Skrebers, Chef du service des arts de la scène, Division art et culture, Département municipal des affaires culturelles
Madame Renate Cornu, chargée de l'information, Division art et culture, Département municipal des affaires culturelles

A nos mécènes
Monsieur Claude Barbey
Messieurs Pierre Darier et
Bénédict Hentsch
Monsieur André L'Huillier
Madame Evelyn Lévy
Monsieur Thierry Lombard
Monsieur Pierre Mirabaud
Monsieur Yves Oltramare
Maître Dominique Warluzel

Banque Lombard & Odier et Cie, Genève
Bon Génie les Boutiques, Genève
Fondation Moët & Chandon Suisse pour
L'Art, Genève
Grands Magasins La Placette, Nordmann &
Cie, Genève
H & M Hennes & Mauritz S.A, Genève
Journal de Genève et Gazette de Lausanne
Pourcent Culturel Migros
Payot Naville Distribution S.A , Genève
Radio-Télévision Suisse Romande
Raymond Weil S.A., Genève
Régie Moser & Cie , Genève
Républic National Bank of New York
(Suisse) S.A.
Reuters S.A., Genève
Service des Affaires Régionales,
Département de l'Intérieur, Etat de Genève
Société Fiduciaire Suisse – Coopers &
Lybrand S.A., Genève
Société de la Loterie de Suisse Romande,
Genève
Sotheby's Genève
Stichting Up-Art, Amsterdam
Visilab S.A., vos lunettes en une heure,
Genève

A nos fournisseurs officiels
AUA – Architectes et Urbanistes Associés
Action Light S.A., Genève
Atelier de décors de la Ville de Genève
CFF Cargo, Genève
Ebnöther A.G., Sempach Station
Ecole des Arts et Métiers, Genève
Balestrafic, S.A., Genève
Bois Homogène, St. Maurice
Helog S.A., Meyrin
HIAG A.G., Riehen
Hôtel Le Richemond, Genève
Jallut Peinture S.A., Genève
May et Cie S.A., Carouge
Papeterie du Molard, Genève
Papeterie Brachard, Genève
Société suisse des entrepreneurs, Genève
Winterthur Assurances

Pour leur soutien à:
Madame Marguerite Blameuser-Braun,
Bugnion S.A., Genève
Monsieur et Madame Marcel Elfen
Monsieur Michael Foley, Président, The
British-Swiss Chamber of Commerce,
Geneva
Monsieur Puiu Spiridon Ganéa et ses
élèves de l'Ecole de Décors de Théâtre de
Genève
Monsieur Nessim Gaon
Madame Jacqueline Maus
Madame Monique Nordmann
Monsieur Eric Pétremand, Chemins de fer
fédéraux suisse
Monsieur Philip J. Priestley, Consul général
de Sa Majesté britannique à Genève
Monsieur Riccardo Tattoni
Fondation Braillard Architectes, Genève

Pour leur précieuse aide à:
Monsieur Georges Aboujaoudé
Monsieur Christian Bernard, Directeur du
Musée d'art contemporain et moderne
Madame Anne Biéler, Centre Européen de
la Culture, Genève
Monsieur Jean Marc Brachard
Monsieur Patrice Braillard
Monsieur François Bryand, Directeur de
l'Office du Tourisme de Genève
Maître Dante Canonica
Monsieur Kenneth Cooper
Mademoiselle Samantha Filippinetti
Monsieur Jean-Gabriel Florio, Secrétaire
général des Services Industriels de Genève
Monsieur André Klopmann
Monsieur Livio Fornara, Directeur du Centre
d'Iconographie Genevoise
Maître Markus Funk
Monsieur Jean-Pierre Jobin, Directeur
Général de l'Aéroport
Monsieur François Leblond, Créative
Business Consultants, Genève
Madame Elizabeth Markevitch
Monsieur Cäsar Menz, Directeur du Musée
d'art et d'histoire de Genève
Monsieur Alain Mingam, Directeur des
Rédactions, Sygma, Paris
Monsieur Philippe Nordmann
Maître Olivier Péclard
Madame Jacqueline Peier-Hertig
Monsieur Jean-Claude Pittard, Rédacteur
en Chef, Tribune des Arts, Genève
Monsieur Michel Porret, Historien
Monsieur Simon de Pury, Directeur pour
l'Europe, Sotheby's, Genève
Monsieur Blaise Sahy
Madame Claire Stoullig, Commissaire de
l'exposition au Musée d'art et d'histoire
Madame Sylvia Thodé

Stairs Genève tient également à remercier
pour leur concours les communes de
Carouge, Lancy, Meyrin, Thônex et Vernier.

THE STAIRS
GENEVA
PART ONE

THE STAIRS
GENÈVE
PREMIÈRE PARTIE

The Stairs or 100 'intruders' in Geneva

Peter Greenaway has come to Geneva to turn the city into a film set and its unsuspecting citizens into the actors, extras and audience of a ceaseless drama. The city of Calvin immediately intrigued its English interrogator – it is an international city, as eminent politically as it is well endowed financially, and yet on the surface it is surprisingly quiet and calm. It has no grandiose views, and only one or two monumental buildings. It still has the atmosphere of a medieval town, and the Calvinist spirit remains strong. Geneva does not reveal much to a casual glance; it hides behind its narrow streets and its severe house fronts. Now, for the first time in its history, Geneva has been spotlit beneath arc-lights, not only for an international audience but also, not least, for the eyes of its own inhabitants.

The Stairs is a series of ten exhibitions on the theme of film and its language. These will take place throughout the world during the next six years, ending in the year 2000. Geneva is the chosen site for the first of these manifestations, of which the theme is 'the Location'. These exhibitions will never be put on in cinemas and nothing in them will be filmed or recorded. Each exhibition will last one hundred days and will have as its venue the streets and public spaces of the city visited. Each city will become the reference for a different aspect of film. Ten in all will be investigated: the Location, the Audience, the Frame, Acting, Properties, Light, Text, Time, Scale, Illusion.

Every film, real or fictive, has to have its setting, through which the director imparts his message and binds his audience into involvement with his vision. In order to demonstrate this, in order to teach us to look, Peter Greenaway has selected 100 locations in the city and framed them not through the camera, but rather through a device resembling the *camera obscura* of former times.

One hundred staircases, all of wood, painted white, are the classroom in which the demonstration takes place. Everyone has to climb the two or eight or whatever number of steps of the staircases – which actually look more like pulpits – in order to look into the 'viewfinder' through which they will discover a 'set' and so be enabled to create their own internal or imaginary film, in association with Peter Greenaway.

The Stairs, for Greenaway, is a symbol of ceaseless motion, a link between two points, a means of travel, but above all an analogy of success or failure, an image of life. He wants us each in turn to mount the steps to Paradise and descend into Hell after contemplation of a fragment of sky or of a wall.

Erected in public parks, in quiet alleys, or in the middle of a busy road, on bridges and in museums, the Stairs are placed in positions of vantage where those who climb them may enjoy permanent, uninterrupted viewing. At night the sites will be illuminated, heightening their dramatic potential. Thanks to this lighting, the film-director can transform his location, creating a new ambience: the late-night stranger will tread on the edges of a trance, entering a circle of magic, mystery or a moment of terror. Perhaps Greenaway wishes to instigate Baroque dreams to haunt our nights?

The passer-by becomes a director of the action, which changes according to the time of the day and night and the weather and with the other passers-by/actors who at any moment may appear on the set or disappear.

The 100 viewpoints presented in Geneva illustrate the language of cinema in all its variety. Peter Greenaway has rummaged through the city in search of signs and symbols, real or illusory, mystic, touristic, commercial – some viewpoints with a story to tell, others observing change and interchange, others again that seek to provoke, to raise a question. The setting is in place – trees, water, fine buildings, statues, proud notices of historical deeds, melancholic remnants of the past. At one point, the peacefulness of a cemetery; at others reactivation of signs from the past, new definitions, new perspectives. All with a changing cast of actors, adults, children, animals, passers-by or tourists, but also objects, unexpected epiphenomena.

The die has been cast: the city of Calvin has become the backdrop of a Baroque entertainment. It is Peter Greenaway's personal vision, which certainly includes humour – more of a gambit than a statement. But Geneva will no longer be Geneva as it was, once the magic ring has been turned and the passive spectator has become an active participant in the great imaginary scenario.

But this is only a prelude, now the stage and the auditorium are yours: whether the film will be a success depends on whether the extras enjoy it as much as the directors. It's up to the audience to raise the curtain!

This international event owes its realisation in Geneva to the cooperation of many parties. It has been two years in the making and has affected virtually the whole city. After the Mayor of Geneva had made an official invitation to Peter Greenaway on 8th December 1992, the task of mobilisation began. It was a long process and had its setbacks, but one after another the present partners in the enterprise were persuaded to join up. Association Stairs has been able to meet the challenge before it and extends its warmest thanks to the city of Geneva for its enthusiasm and commitment.

We are grateful for the confidence that all our partners have shown in us and we would like to dedicate the exhibition to all of them, since their joined forces brought it into being.

At last the dream has come true. We hope that this unforgettable installation will become a pretext to rediscover Geneva, its hidden treasures, its forgotten places, its devices and secrets, so that it is played in, played upon, used, lived in, lived ...

But Geneva will also never be the same after Peter Greenaway's eye has searched it out; The Stairs will leave a lasting imprint on Geneva's landscape long after their hundred days, long after all traces of them have vanished.

Dominique Astrid Lévy and Simon Studer
Curators of The Stairs Geneva

Stairs ou 100 "intrus" à Genève

Une ville transformée en plateau de cinéma, des acteurs et des spectateurs choisis à leur insu pour participer au tournage d'une histoire sans fin, voici l'ambition de Peter Greenaway à Genève. La cité de Calvin a immédiatement intrigué l'inquisiteur anglais: Genève, ville internationale, dont l'importance politique et financière est établie, étonne lorsqu'on découvre une cité d'apparence paisible. Il n'y a pas de mise en scène grandiose de la ville, peu de bâtiments imposants et pompeux. Elle a conservé l'aspect d'une ville médiévale et l'esprit calviniste y est encore présent. Elle ne se livre donc pas au premier regard, elle se cache derrière ses rues étroites et ses façades austères. Pour la première fois, Genève est mise à nu "sous les feux de la Rampe," non seulement aux yeux de la scène internationale, mais surtout aux yeux de ses habitants.

Stairs est une série de dix expositions sur le thème du film et de son langage. Elles se dérouleront à travers le monde et auront rempli leur mission avant l'an 2000. Genève a été choisie comme lieu de prédilection pour la première d'entre elles. Son thème est le cadrage ou "la Situation Trompeuse".

Ces expositions n'auront jamais lieu dans une salle de cinéma et rien de ce qui sera créé ne sera filmé ni enrigistré. Chaque exposition durera 100 jours and aura comme cadre les rues et les espaces publics de la ville visitée.

Chacune des villes choisies exposera un aspect différent du cinéma. Dix aspects seront traités: – le Cadrage, ou la Situation Trompeuse – le Public – le Cadre – le Jeu d'Acteur – les Accessoires – la Lumière – le Texte – le Temps – l'Échelle (la Proportion) – l'Illusion.

Réel ou fictif, tout film doit avoir son propre cadrage. C'est à travers celui-ci que le metteur en scène nous transmet son message et nous oblige à nous associer à sa vision. Afin de démontrer cette caractéristique, afin de nous apprendre à regarder, le cinéaste a choisi 100 endroits dans la ville de Genève qui ne sont pas cadrés par la caméra, mais par un dispositif ressemblant étrangement à la "Camera Obscura" de nos ancêtres.

Ce sont 100 escaliers blancs, en bois, qui sont le prétexte de cette relecture. Des escaliers, qui ressemblent plus à des chaires d'église, sur lesquels tout un chacun doit grimper de deux à huit marches pour coller son oeil à un "judas", ce qui lui permet de découvrir un "morceau" de la ville et de crér ainsi son propre film intérieur et imaginaire; Peter Greenaway établit ainsi une relation directe entre le public et lui.

Il a choisi l'escalier car c'est par définition un lieu où l'on ne s'arrête pas, un lien entre deux points, un passage, mais surtout un symbole de succès ou de défaite, une image de la vie. Il souhaite que tour à tour nous gravissions les marches du Paradis et que nous descendions en Enfer après avoir contemplé un fragment de ciel ou de mur.

Érigés dans les parcs publics, ou dans de calmes allées, mais aussi au milieu du trafic, sur les ponts et dans les musées, les escaliers ont une position atemporelle privilégiée permettant la vision continue. La nuit, les sites seront illuminés accentuant ainsi leur potentiel dramatique... L'éclairage permet au cinéaste de transformer le lieu, de créer une ambiance; la ronde de nuit invitera le promeneur sur les traces du rêve, de la magie, mais aussi de la surprise, du mystère ou de la peur. Peter Greenaway souhaite-t-il être l'instigateur de rêves baroques qui hanteront nos nuits?

Le passant peut dès lors devenir cinéaste, créer son propre film en utilisant un décor naturel qui ne cessera de changer selon les heures, le temps, mais aussi selon les promeneurs transformés pour l'occasion en acteurs d'un instant.

Les 100 vues présentées à Genève illustrent le langage cinématographique dans son expression la plus absolue. Peter Greenaway a parcouru la ville à la recherche de signes, autant fictifs que réels: prises de vue mystiques, religieuses, commerciales, touristiques, il y a des cadres choisis pour mettre en valeur un sujet, d'autres qui accentuent la commutation entre les divers éléments, et, enfin, certains qui tentent de provoquer une prise de conscience, ou, pour le moins, une interrogation.

Le décor est placé; l'eau, les arbres, la beauté de l'architecture, les sculptures inanimées, la fierté des emblèmes, la mélancolie de l'Histoire et des souvenirs, la paix dans le calme d'un cimetière, mais aussi des signes oubliés ou recréés, des perspectives redessinées, et des rapports d'échelle redéfinis. Les acteurs, adultes et enfants, badauds et touristes, mais aussi animaux, objets et imprévus, peuvent dès lors entrer en scène.

Le défi est relevé, la cité de Calvin devient le canevas d'un film ludique et baroque. La vision du cinéaste est une vision personnelle, souvent teintée d'humour; c'est une démarche et en aucun cas une vérité. Genève, ici, n'est pas forcément la ville que nous connaissons ... Sous sa baguette magique l' "Homo Sapiens", d'habitude spectateur passif, participe au scénario imaginaire et devient également acteur.

La performance ne fait que commencer, la scène est à vous tous et le film connaîtra le succès lorsque les acteurs auront autant de plaisir que les metteurs en scènes. Alors seulement le rideau se lèvera!!!

D'envergure internationale, cette manifestation a lieu à Genève grâce à un grand nombre de synergies réunies. Lancée il y a deux ans, cette initiative se devait d'être l'histoire de tous et de chacun. Personne ne devait rester indifférent. Le 8 décembre 1992, le Maire de Genève invite officiellement Peter Greenaway; le parcours du combattant commence: réunir les forces nécessaires. La démarche est longue et pleine d'embûches, mais le projet séduit l'un après l'autre tous les partenaires qui aujourd'hui inaugurent cet événement. L'Association Stairs a relevé le défi et adresse ses plus vifs remerciements à la Ville de Genève sans l'enthousiasme et l'engagement de laquelle cette aventure n'aurait jamais vu le jour.

Nous sommes reconnaissants de la confiance que tous les partenaires nous ont témoigné et, à chacun d'eux, nous dédions cette exposition qui voit le jour grâce à toutes leurs forces réunies.

Stairs remercie aussi tous ceux qui ont contribué au succès de cette manifestation par leur soutien, leur aide, leur encouragement ou, simplement, par leur présence pendant ces deux dernières années.

Aujourd'hui le rêve devient réalité. Nous souhaitons que cette installation incontournable soit le prétexte d'une redécouverte de Genève, de ses trésors cachés, de ses lieux oubliés, de ses fictions et de ses secrets; qu'elle soit jouée, utilisée, vécue ...

Le regard de Peter Greenaway laissera une empreinte durable dans nos esprits: personne ne regardera plus Genève de la même façon après Stairs. La présence hiératique des escaliers dans la ville continuera à nous intriguer au-delà de leur présence physique et bien au-delà des cent jours.

Dominique Astrid Lévy et Simon Studer
Commissaires de Stairs Genève

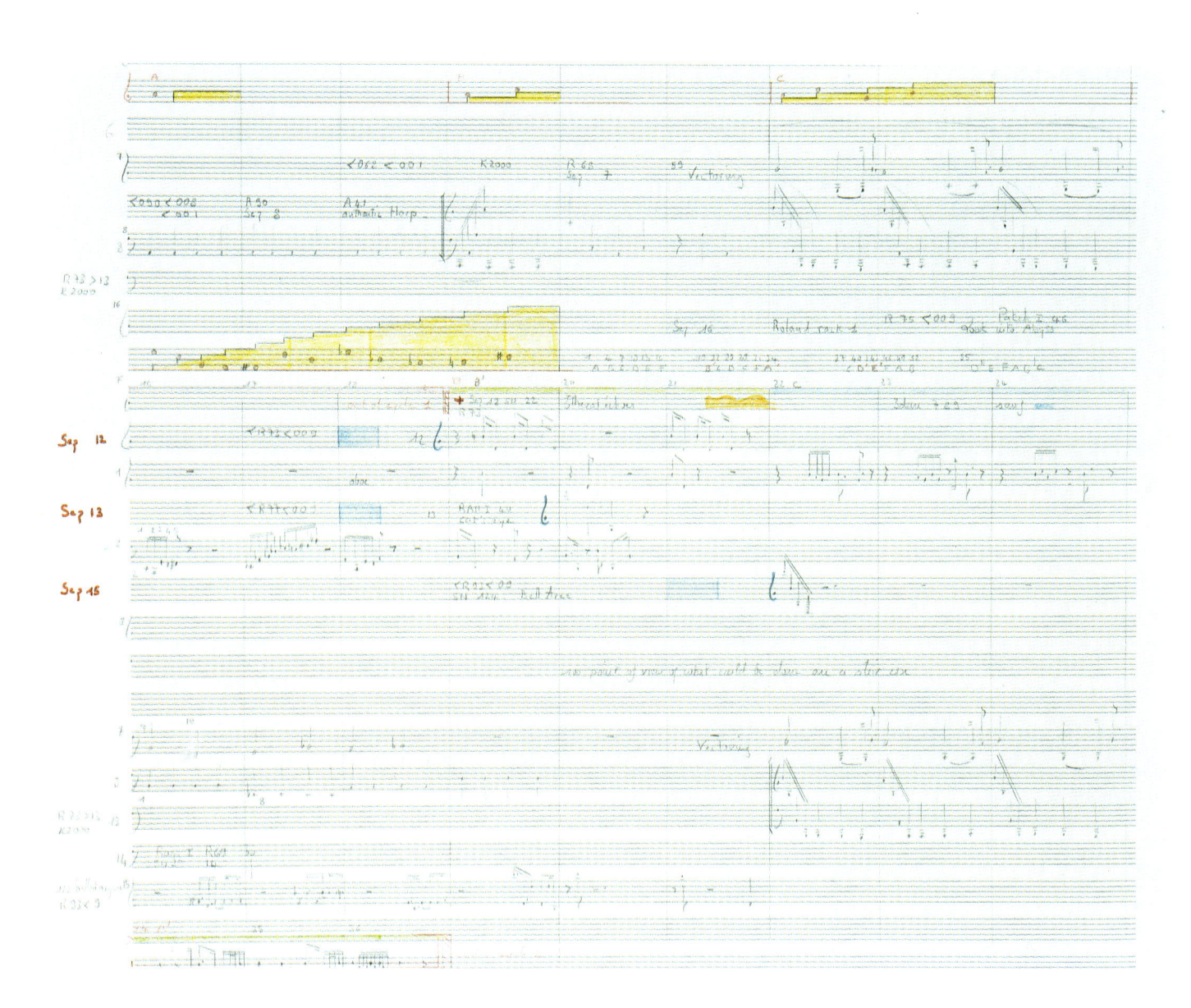

Music for THE STAIRS – GENEVA

Above all, I would like to congratulate the whole team of Stairs Geneva, without whose resourcefulness and perseverance this exhibition at Geneva would have remained no more than a pious hope.

I would like here to explain in a few words the principal ideas which have guided me in the composition of the music for The Stairs.

The exhibition consists of one hundred viewpoints. It seemed essential that the musical composition that was to accompany it should have one hundred movements, all unequal but forming an overall unity.

The visitor has a free run of the exhibition and can climb up and down the stairs in the order he or she desires, and the listener should have the same liberty. Therefore the order of the movements on the compact disc, though numbered 1 to 99, is no more than a suggestion, it is certainly not obligatory.

The staircases of the exhibition have one, two, four, six, eight or twelve steps. The different movements of the music for The Stairs consist of a sequence of recurring permutations of musical motifs, using, in turn, scales of one, two, four, six, eight and twelve notes. These are variously arranged and linked to one another by analogies between the transpositions and transformations they undergo.

Patrick MIMRAN

La Musique pour THE STAIRS – GENÈVE

Avant tout, je voudrais rendre hommage à toute l'équipe de Stairs sans qui, à force d'ingéniosité et de persévérance, la réalisation de cette manifestation à Genève n'aurait été qu'un vœu pieu.

Je souhaiterais maintenant expliquer en quelques lignes les idées principales qui ont guidé mon travail durant la réalisation de la musique de Stairs.

L'exposition comporte cent points de vues. Il me paraît important que la pièce musicale s'y rapportant se subdivise en cent mouvements inègaux appartenant à la même œuvre.

Le visiteur ayant le libre choix et pouvant parcourir les différents escaliers dans l'ordre qu'il désire, il me semble impératif que l'auditeur puisse jouir de la même liberté. Par conséquent, l'ordre des mouvements, figurant sur le compact disque et numérotés de 1 à 99, n'est qu'une suggestion et le moins du monde une obligation.

Enfin, en relation avec l'exposition qui comporte des escaliers à une, deux, quatre, six, huit et douze marches, les différentes subdivisions de la musique de Stairs ne sont qu'une suite de permutations circulaires de motifs musicaux. Ces derniers utilisent, tour à tour, des gammes à une, deux, quatre, six, huit et douze notes dont les transpositions et les transformations fournissent les variations nécessaires à la cohérence du tout.

Patrick MIMRAN

The Campidoglio Stairs *by Giambattista Piranesi*

Les Escaliers du Campidoglio *par Piranèse*

Cabinet des Estampes, Genève

CONTENTS	TABLE DES MATIÈRES	page
1. INTRODUCTION	1. INTRODUCTION	1
2. SIX EXHIBITIONS	2. SIX EXPOSITIONS	10
3. THE BELLY OF AN ARCHITECT	3. LE VENTRE DE L'ARCHITECTE	31
4. THE STAIRS AS A FILM	4. L'ESCALIER EN TANT QUE FILM	37
5. THE STAIRS AS AN IMAGE	5. L'ESCALIER EN TANT QU'IMAGE	53
6. THE STAIRS EXHIBITION	6. L'EXPOSITION "THE STAIRS"	61
7. THE LOCATION – GENEVA	7. LE CADRAGE – GENÈVE	77
8. THE FRAME	8. LE CADRE	87
9. THE AUDIENCE	9. LE PUBLIC	91
10. THE GENEVA EXHIBITION	10. L'EXPOSITION DE GENÈVE	95

The Blessing of the Penitents in The Baby of Mâcon　　　*La Bénédiction des Pénitents dans* Le Bébé de Mâcon

Priest in Procession in The Baby of Mâcon　　　*Prêtre dans une procession dans* Le Bébé de Mâcon

The Banquet in The Baby of Mâcon　　　*Le Banquet dans* Le Bébé de Mâcon

1. INTRODUCTION

I have been making films of various descriptions for some twenty years and my relationship with the medium constantly changes, it constantly swings from great trust to great mistrust.

I have some serious criticisms about its language.

Cinema is regarded with some justification as the supreme 20th-century communication medium, yet it remains a curiously mongrel or bastard art. It is mimetic in essence, and because it is a photographic medium – and the camera can never lie – it is always enslaved for a large part to those erroneous ideas of truth that have dogged the still-photograph. Perhaps more than any other medium, cinema is essentially circumscribed by technological parameters and by economic circumstances.

For example, there are severe limits on choice of frame-aspect-ratio, and the length of a film is largely fixed by the desire of cinema managers demanding three performances a day to satisfy maximum audience attendance. It is supposedly a visual phenomenon, yet most of its products are literary-based, and if you denied most films a sound-track, meaning would rapidly atrophy; watch a film in a language you do not understand to realise how much communication is contained in the sound-track.

1. INTRODUCTION

Je fais des films de genres très différents depuis une vingtaine d'années, et je constate que ma relation au septième art change constamment, passant de la plus grande confiance à la plus grande méfiance.

J'ai de sérieuses critiques à formuler quant à son langage.

Le cinéma est perçu, non sans raison, comme le suprême moyen de communication du XXème siècle. Il n'en est pas moins un art curieusement hybride et bâtard. C'est un art par essence mimétique et en tant qu'art photographique – la caméra ne sachant pas mentir – il est toujours assujetti 'en grande partie' à ces notions erronées du vrai qui collent à la photographie. Plus que toute autre forme d'art, peut-être, le cinéma se voit limité par des paramètres technologiques et des raisons économiques.

Il existe par exemple des limites strictes quant au choix des critères de cadrage. La durée d'un film s'établit principalement selon les exigences des directeurs de salles qui demandent de pouvoir disposer de trois séances par jour afin de garantir un maximum d'entrées. Le cinéma est censé être un phénomène visuel, or, son support est le plus souvent littéraire. De plus, sil l'on privait la majorité des films de leur bande son, leur impact en serait rapidement amoindri ; il suffit de regarder un film dans une langue que vous ne comprenez pas pour juger de la richesse de l'information contenue dans la bande son.

To empathise with this exhibition's insistence on the number 100, the short descriptions of each site in English and in French total 100 words - 50 words in English, 50 in French.

Cette exposition mettant l'accent sur le chiffre 100, la brève description de chaque site, en anglais et en français, comprend volontairement 100 mots: 50 en anglais, 50 en français.

SITE 1. THE VIEW OF THE LAKE FROM THE OBSERVATORY HILL

This is a wide shot from high ground to begin the sequence of one hundred frames. At the centre of the composition is the fountain in the lake, the most contemporary of symbols for Geneva, an eruption of white spume, a sexual motif for beginnings. All life starts with water.

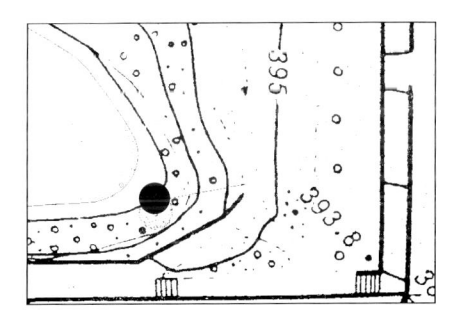

SITE 1. LA VUE DU LAC DEPUIS LA COLLINE DE L'OBSERVATOIRE

La serie de 100 images commence par une vue panoramique prise à partir d'une certaine hauteur. Le jet d'eau, signe distinctif le plus typique de Genève, se dresse au centre de la composition comme un jaillissement d'écume blanche, symbole sexuel de tout commencement. La vie puise son origine dans l'eau.

Cinema has been very slow in developing its vocabulary. Consider the distances literature and painting have travelled, and the extent of the considerable linguistic leaps they have made, in the time-space of cinema's history – from Post-Impressionism to Warhol and Beuys, or from Tolstoy and Dickens to Beckett and Joyce – whilst cinema still predominantly uses the language of its first decade.

In its ability to embrace the world and other worlds beside, in its ability to dream, cinema is a great 'baroque' medium, capable of unlimited excess and great illusionism, yet its capacity for illusionistic spectacle is generally either treated with condescension or relegated to the nursery.

Le cinéma a mis du temps à développer son vocabulaire propre. Comparez les distances parcourues par la littérature et la peinture, les formidables bonds en avant effectués du point de vue linguistique dans ces deux domaines et cela dans le même espace-temps que l'histoire du cinéma : du post-impressionnisme à Warhol et Beuys, ou de Tolstoï et Dickens à Beckett et Joyce. A contrario, le cinéma se sert encore du langage de ses débuts.

Avec son pouvoir onirique, englobant le monde et même d'autres mondes, le cinéma est un grand instrument "baroque" capable de tous les excès et de toutes les illusions. Or, ce pouvoir d'illusionnisme n'est, en général, utilisé qu'avec condescendance ou simplement relégué au domaine de l'enfance.

The Death of the Child in The Baby of Mâcon
La Mort de l'Enfant dans Le Bébé de Mâcon

SITE 2. THE HENRY MOORE STATUE IN FRONT OF THE MUSEUM

This framed viewpoint is cinematically a mid-shot whose fixed points – anticipating much eventual real and essential human movement – are two representations of the human form, a bronze Henry Moore reclining figure in the foreground to be compared with the stone statue-group on the façade of the Museum in the background.

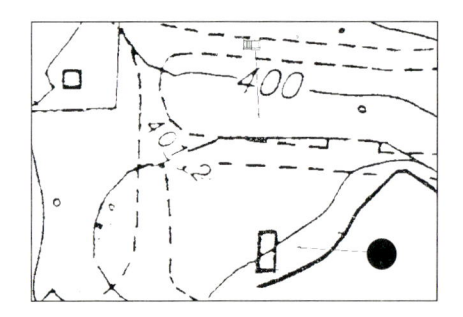

SITE 2. LA STATUE D'HENRY MOORE DEVANT LE MUSÉE

Cette vue cadrée est un plan moyen dont les éléments immobiles qui anticipent une multiplicité de mouvements humains et essentiels sont deux représentations de la forme humaine : un bronze d'Henry Moore appuyé, au premier plan, qui fait pendant au groupe de pierre sur la façade du Musée dans le fond.

I believe that, in the area of stimulating, developing and energizing the use of the imagination, two of the prime disadvantages of the nature of cinema compared, for example, to literature and painting are that cinema (up until now) can only offer one phenomenon at a time for the imagination of a listener-viewer, and can only offer it in a time-frame that is entirely dominated by the film-maker. This to me is a severe limitation when compared to the myriad possibilities otherwise on offer at a single time – certainly for the imagination of a reader of literature. The viewer and the reader always have control of the amount of time they want to spend looking at a painting or reading a book – looking at the *Mona Lisa* or reading *War and Peace*. This could not be said about our ability to comprehend *Citizen Kane*. And small-scale miniaturisation of a film at much reduced quality levels for personal-control video-viewing is by no means any sort of answer to this particular problem.

For me it is a frustration that cinema has no substance in the way that, for example, architecture and sculpture – even painting – have substance. And, as a consequence, I doubt whether cinema has any real history in the world. The passage of History effects inevitable material changes in an artefact. In that sense, cinema, or film, cannot profitably age, and it can have no intimacy with History. Even a very short history permits an object to attain provenance, heritage and cultural power. Even attain cultural magic, certainly cultural currency and usage. The physical touch of History, which is not necessarily inimical to the well-being of a cultural artefact, can 'improve' its substance and enhance its significance. Without exception material changes in film are irredeemably disadvantageous. Film will not sustain ageing processes or be made profitably resonant by them.

Je pense que, pour ce qui est de stimuler, développer, et d'accélérer la fonction de l'imagination, deux des principaux désavantages de la nature même du cinéma, par rapport à la littérature et à la peinture, proviennent du fait que (jusqu'à maintenant) le cinéma ne peut offrir qu'une seule situation à la fois à l'imagination du spectateur-auditeur, et cela dans un temps déterminé par le cinéaste. Cela me semble une redoutable limitation comparée aux myriades de possibilités qui se présentent en un seul instant à l'imagination d'un lecteur. On peut toujours décider du temps que l'on désire consacrer à la lecture d'un livre ou à la contemplation d'un tableau : prenez *la Joconde* ou *Guerre et Paix*. Il n'en va pas de même pour *Citizen Kane*. Quant à la miniaturisation, toujours médiocre d'un film sous forme de vidéo, ce n'est en aucun cas une réponse à ce problème.

Je trouve pour ma part frustrant que le cinéma n'ait pas une substance, comme l'architecture et la sculpture voire même comme la peinture. De ce fait, je doute que le cinéma ait même une véritable histoire dans ce monde. Le temps transforme inévitablement et matériellement un artefact. En ce sens, le cinéma et les films ne vieillissent pas bien et n'ont, ainsi, aucun lien intime avec l'Histoire. Quelques années suffisent à un objet pour acquérir ses racines et faire parti d'un patrimoine culturel, pour acquérir même une certaine magie, ou pour faire partie en tout cas du domaine culturel courant et utilitaire. L'empreinte physique du temps n'est pas nécessairement hostile à l'artefact culturel. Elle peut améliorer sa substance et rehausser son message. Sans aucune exception, les films souffrent de la dégradation du temps. Un film supporte mal les effets du vieillissement et ne peut en retirer aucun bienfait. Un film ne peut pas être photographié comme une œuvre architecturale ou une sculpture. Il ne peut être réinterprété comme une pièce de

Janet Suzman in The Draughtsman's Contract
Janet Suzman dans Meurtre dans un Jardin Anglais

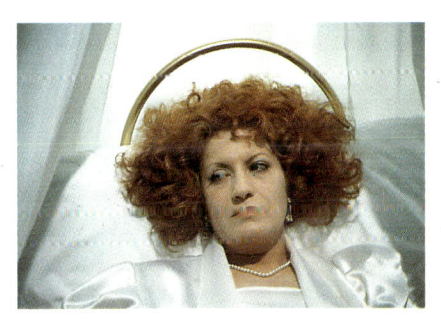

Andrea Ferriol in A Zed and Two Noughts
Andrea Férréol dans Z.O.O.

Brian Dennehy in The Belly of an Architect
Brian Dennehy dans Le Ventre de l'Architecte

SITE 3. THE HENRY MOORE FRAMED WITH A DOME OF THE RUSSIAN ORTHODOX CHURCH

A third framing from Observatory Hill, at 90°, to the second viewpoint – this time to make use of a sympathetic comparison of shapes, metals and foreigners: the dark bronze head of the English Henry Moore reclining figure with one of the nine gold onion domes of the Russian Orthodox Church.

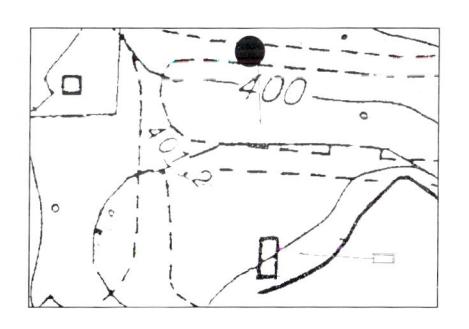

SITE 3. LA SCULPTURE D'HENRY MOORE ET UNE COUPOLE DE L'EGLISE RUSSE

Un troisième cadrage depuis la colline de l'Observatoire à 90° du deuxième point de vue, cette fois, permet d'établir un lien entre des formes, des métaux et des étrangers – la tête de bronze sombre de l'anglais Henry Moore avec l'un des neuf clochers dorés à bulbe de l'église orthodoxe russe.

3

Helen Mirren in The Cook, the Thief, His Wife and Her Lover

Helen Mirren dans Le Cuisinier, Le Voleur, Sa Femme et Son Amant

A film cannot be photographed and re-photographed like a piece of architecture or sculpture, it cannot be re-interpreted like a piece of theatre or music, it cannot grow a patina of provenance like a painting, or be reproduced in its entirety as a painting can be reproduced; it is immediately fixed in a strange sort of present tense that will not profit by ageing. It is interesting that, unlike a church or a house, a gallery or even a museum, a cinema means next to nothing to the historical-cultural value of the film it shows.

A film cannot be re-worked though it can be re-made. It cannot be profitably re-framed or re-hung or re-sited or re-written or visually translated. Every time you view it, it is very predictably the same.

Cinema has no uniqueness of material. It is a medium relying for its success on its ability to be mass-reproduced – and only very recently (thanks to the digital TV revolution) can it rely on a reproductive process without quality-loss. No film-director (unless he is very stupid) uses his original negative to mass-produce his product, and all inevitable dupe-negatives are poorer than their originals.

Although the *Mona Lisa* is appreciated largely by proxy in miniaturised versions of itself, the original is material, physical and viewable; there is no original and viewable *Gone With The Wind*. It could be argued that film fails to satisfy the very particular demands of the five human senses, which should be ignored at peril, because a lack of unique presence leads to the dissatisfactions of banal cloning, and a lack of material presence leads to the sort of disappointments and dismissiveness experienced by the thirsty in the presence of an oasis mirage. Cinema, I believe, in this respect oftens takes on the characteristics of an unsatisfactory mirage. Many are likely to be left thirsty.

théâtre ou une partition musicale. Il ne peut ni espérer la patine que la provenance donne à l'œuvre d'art, ni être reproduit intégralement comme une peinture. Il est immédiatement figé dans une forme étrange de temps présent qui ne gagne rien à vieillir.

Il est intéressant de constater que contrairement à une église, à une maison, à une galerie ou même à un musée, le choix d'un cinéma n'a pour ainsi dire aucun rôle dans la valeur historique et culturelle du film qui y est présentée.

Un film ne peut pas être retravaillé, il peut seulement être refait. Il ne peut pas être valablement re-cadré, re-situé, ré-écrit ou traduit visuellement. A chaque projection, il est forcément le même.

Le cinéma n'est pas un produit unique. Son succès repose sur sa faculté d'être diffusé en masse et depuis peu de temps seulement – grâce à la révolution de la télévision digitale – le procédé de reproduction s'opère sans perte de qualité. A moins d'être stupide, aucun cinéaste n'utilise ses négatifs originaux pour diffuser son produit. Ainsi, toutes les inévitables copies sont bien moins bonnes que les originaux.

Bien que *la Joconde* soit généralement appréciée par procuration, grâce à des versions miniaturisées, l'original existe tangible et visible. Il n'existe en revanche pas un *Autant en emporte le vent* original et visible. On pourrait même ajouter que le cinéma ne peut pas satisfaire les cinq sens humains, car le manque d'une présence unique conduit à une uniformité banale et décevante, et le manque de présence réelle conduit à la déception et au décou-ragement, comme une personne assoiffée face à une oasis-mirage. A cet égard, je crois que le cinéma a bien souvent tout d'un mirage et beaucoup risquent de rester sur leur faim.

SITE 4. THE RUSSIAN ORTHODOX CHURCH

An orthodox framing of a church that had no place in the religious traditions of Geneva. When the fortifications came down in 1846, the recovered land was free for building and the reform government at last permitted free religious expression. It is a curiosity that Dostoyevsky's daughter was baptized here.

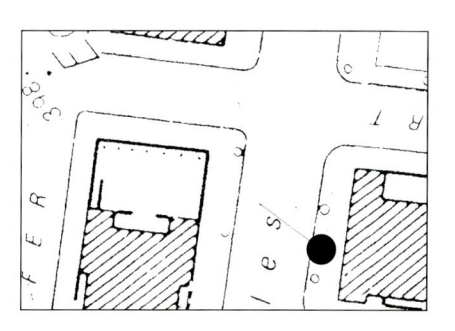

SITE 4. L'EGLISE ORTHODOXE RUSSE

Un cadrage standard de cette église, qui n'avait aucune place dans les traditions religieuses de Genève. Quand les remparts ont été détruits, en 1846, le terrain récupéré était à bâtir et le gouvernement de la Réforme a enfin permis la liberté d'expression. La fille de Dostoïevski y a été baptisée.

Japanese Hi-Definition TV image – Neptune and His Wife from Prospero's Books

Image de télévision haute définition japonaise – Neptune et Sa femme dans Prospero's Books

Conventional cinema is founded on the notion of sedentary audiences paying entrance money, with others seeking a like experience, to watch passively in a darkened space a projection of coloured shadows on a two-dimensional screen reproducing the illusion of three dimensions. It could be said that the expectations aroused by this form of social illusion-seeking and sensation-seeking behaviour may be exceeding the capabilities of the product. The evidence for this dissatisfaction may lie in the fact that whole new areas of manufactured experience are being sought to throw open the boundaries. We are all being made aware of what they are. New habits of audience participation associated with video play-back, with computer-originated games, with environmental-screen experiences like Imax and Omnimax, and with various forms of simulation associated with virtual reality and the electronic paintbox are all – happily – threatening to change cinema language.

Le cinéma conventionnel exige un public sédentaire ayant payé un droit d'entrée pour se réunir dans une salle obscure dans le but commun de regarder passivement une projection d'ombres colorées sur un écran en deux dimensions qui donne l'illusion d'être tri-dimensionnel. Les attentes d'un tel public en mal d'illusions et de sensations dépassent peut-être les possibilités du produit. La preuve en est que l'on s'emploie aujourd'hui à fabriquer toutes sortes de nouvelles gammes d'expériences pour faire éclater les barrières actuelles. Leur existence peut difficilement nous échapper. En effet, de nouvelles habitudes de participation du public associées à la "touche-retour" du magnétoscope, aux jeux vidéos comme Imax ou Omnimax ces formes de stimulation associées à la réalité virtuelle ; à la boîte de peinture électronique, menacent, gaiement, de changer le langage du cinéma.

SITE 5. MUSEUM STAIRCASE ONE

Sites 5 and 6 are a pair of symmetrical opposites, a deliberate return of view across a sunken roadway in a landscape whose fortifications were the envy of Europe. This is one frame looking at another frame – as near as it can – to balance the conceit of an architectural mirror-image.

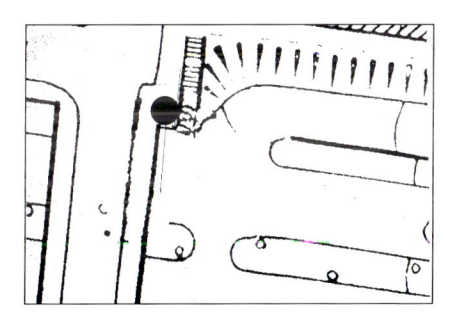

SITE 5. PREMIER ESCALIER DU MUSÉE

Les sites 5 et 6 forment un ensemble symétrique face à face. C'est un retour en arrière délibéré sur une route défoncée dans un paysage dont les remparts étaient jalousés par toute l'Europe. Il s'agit d'un cadrage sur cadrage pour bien équilibrer la notion narcissique d'une image architecturale en miroir.

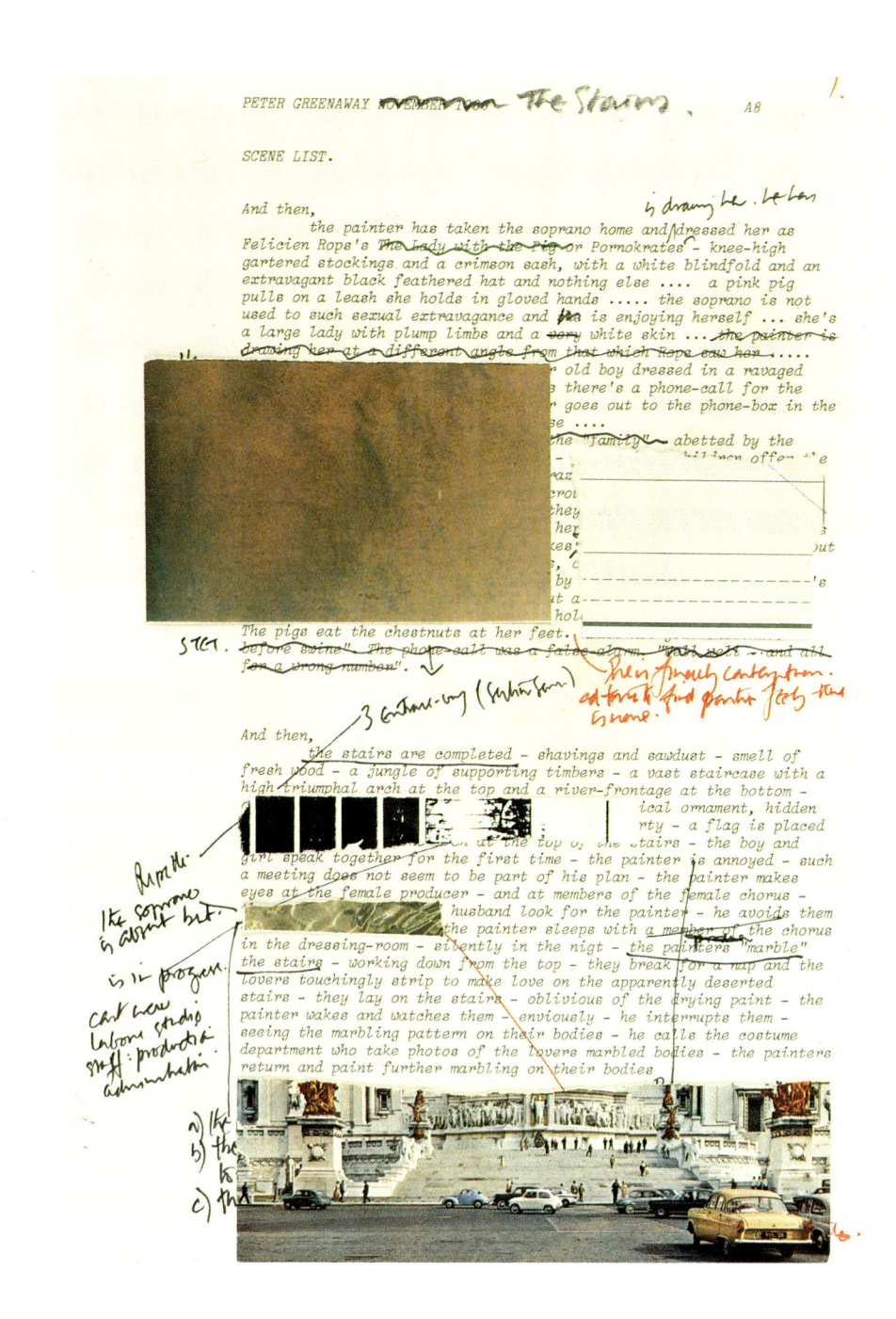

The Stairs – *Annotated Text One*

The Stairs – *Texte 1 annoté*

SITE 6. MUSEUM STAIRCASE TWO

The staircase viewing-platform of Site 6 tries to make a continuity of the already existing steps of the Museum of Arts and History. The Nineteenth Century considered it fitting that a city museum should be approached by a respectful, even intimidating, flight of majestic steps. This museum is no exception.

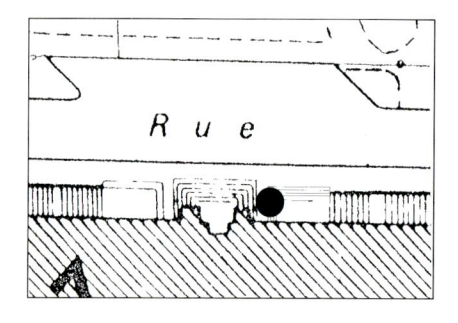

SITE 6. DEUXIÈME ESCALIER DU MUSÉE

Cet escalier du belvédère du site 6 essaie de créer un lien continu avec les escaliers existants du Musée d'art et d'histoire. Au XIXème siècle, on pensait déjà qu'il fallait entrer dans le Musée par une grande volée de marches majestueuses, respectueuses, intimidantes. Ce Musée ne fait donc pas exception.

6

It has certainly been my experience in the last five years to feel that conventional, orthodox or dominant cinema is ceasing to reward my imagination as a spectator-sport. However, the potential for exploring new cinema language that constant contact with the other arts and with the new technologies has stimulated has encouraged me to believe that cinema is still very much alive as a 'manufacturing-sport'. If the contradiction can be embraced, I enjoy making films, but my enjoyment in watching them is rarely even satisfactory.

Let me give some examples of this disaffection.

Although film cannot adequately demonstrate the dramatic excitements of the three-dimensional space of architecture, I certainly can comprehend these effects whilst being in a history-conscious architectural space during the making of a film. Whilst cinema has disadvantages over theatre in its inevitable denial of the real and physical presence of actors, acting, people and crowds, I personally can experience, enjoy and be fascinated by those phenomena, for I can experience the visual and aural sensations of being with them in order to make a sound-and-picture image of them on film for an audience to see.

Most cinema is created from a text – just as most painting, certainly before 1850, has been created from a text; and if we regard this as inevitable (though we need not), then the transition from text to image can be seen to be a powerfully exciting one, and worthy of its own vocabulary of great interest, although not at all easily and readily available to an audience watching cinema. However, it is available, almost exclusively, to me.

Ces cinq dernières années, je ressens à travers ma propre expérience de spectateur que le cinéma conventionnel, orthodoxe et grand public ne stimule plus mon imagination. Néanmoins, la possibilité d'explorer un nouveau langage cinématographique, stimulé par le contact répété avec d'autres formes d'art et avec les nouvelles technologies, m'encouragent à croire que le cinéma est toujours bien vivant, en tant qu'exercice de création. Ma contradiction est la suivante: j'aime faire des films mais je n'ai, en les voyant, que rarement un semblant de plaisir.

Laissez-moi vous donner quelques exemples de mon désenchantement :

Bien que le cinéma ne puisse transmettre efficacement l'impact dramatique de l'espace tridimensionnel en architecture, je prends conscience de ces effets lorsque je me trouve dans un espace architectural où je tourne un film. De même que le cinéma est, par rapport au théâtre, lésé du manque inévitable de présence physique et réelle des acteurs, des gens et des foules, je peux en revanche m'imprégner de ces sensations, en jouir et en être fasciné puisque je peux éprouver les sensations visuelles et auditives d'être avec eux, lorsque je suis en train de tourner un film destiné à un public.

La plupart des films sont créés à partir d'un texte, tout comme la plupart des peintures le furent certainement avant 1850. Si nous considérons cela comme inévitable – ce que nous ne devrions pas – la transposition du texte à l'image peut être alors envisagée comme une expérience passionnante et digne de son propre vocabulaire, bien que difficilement accessible à un public de cinéma. Néanmoins, elle m'est accessible, presque exclusivement.

Production still on The Belly of an Architect
Photo de film dans Le Ventre de l'Architecte

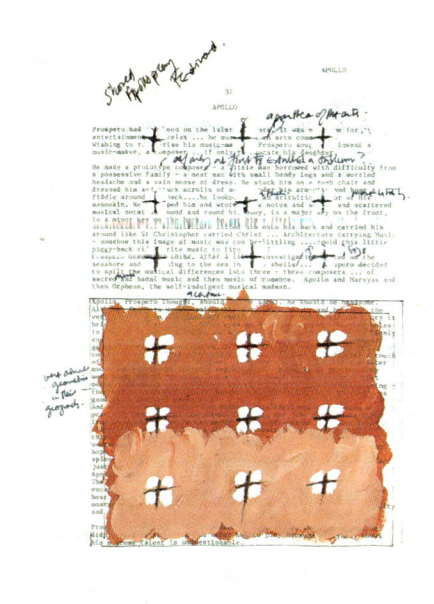

A page from Prospero's Books – Apollo
Une page extraite de Prospero's Books - Apollon

SITE 7. VIEW OF THE CATHEDRAL FROM THE MUSEUM INTERIOR

This is the first staircase located in an interior. It frames a view of the cathedral through a stained-glass window. It is only possible to view this frame by day, but night-time visitors will see this staircase from the exterior for, like the cathedral itself, it will be strongly illuminated.

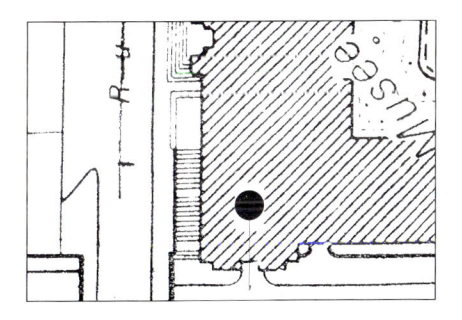

SITE 7. VUE DE LA CATHÉDRALE DEPUIS L'INTÉRIEUR DE MUSÉE

C'est le premier escalier situé à l'intérieur d'un bâtiment. Il cadre une vue de la cathédrale à travers un vitrail. On ne peut voir cette image que de jour, mais les personnes qui viendront la nuit pourront voir cet escalier de l'extérieur car, comme la cathédrale, il sera fortement éclairé.

100 Objects to Represent the World - *The Anchor*

100 Objets pour représenter le Monde – *L'Ancre*

The manufacture of any artefact is related to the manufacture of past artefacts, and cannot usefully operate without this relationship. Every picture telling a story or making a comment or holding a truth has almost certainly told that story or made that comment, or some story, comment or truth, very much like it before. To make an effort to recall, re-signify, quote, refer or homage those original manifestations has always seemed to me to increase the interest and potential of the content and strategy you are purveying, and to set it consciously in the context of an experience that is valuable. But this very exciting process of reference is almost certainly going to be – indeed some would argue, needs to be – submerged in the viewing of the final product. I personally believe this is a serious loss of excitement and fascination, and I have always strived hard in cinema to try and not allow this submersion process to happen.

La fabrication d'un artefact est liée à celle d'artefacts plus anciens et ne peut se réaliser sans cet héritage du passé. Chaque image est porteuse d'une histoire, d'un propos ou d'une vérité et a très certainement déjà raconté cette histoire, tenu ce propos, énoncé cette vérité d'une façon très semblable auparavant. Faire l'effort de re-signifier, de citer, de faire référence ou de rendre hommage à ces manifestations originales m'a toujours semblé accroître l'intérêt et le potentiel du contenu et de la stratégie vers lesquels nous tendons. Mais même ce passionnant procédé de référence est voué à être – doit être, selon certains – englouti lors de la projection du produit fini. Personnellement je crois que ceci est une source d'intérêt et de fascination majeure et je me suis toujours efforcé, dans mes films, d'éviter ce procédé d'engloutissement.

The exhibition Some Organising Principles

L'exposition Some Organising Principles

SITE 8. THE SCULPTURED PUTTI ON THE MUSEUM ROOF

Site 8 is a visual paradox. It is, in effect, the first long view of a detail – though the detail plays with scale, for the large bold object seen at a distance is the representation of a small vulnerable child, balanced on the corner of the roofline of the Museum.

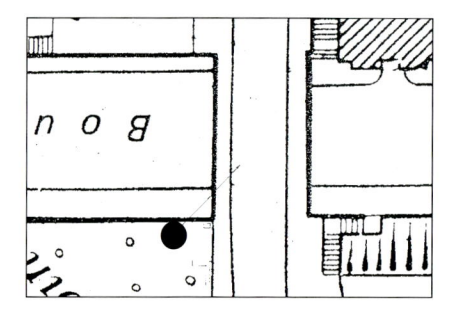

SITE 8. LES PUTTI SCULPTÉS SUR LE TOIT DU MUSÉE

Le site 8 est un véritable paradoxe visuel. C'est la première vision éloignée d'un détail, bien qu'il se joue de l'échelle des grandeurs, car ce grand objet provoquant vu de loin n'est autre que la représentation d'un petit enfant vulnérable en équilibre sur un coin du toit de ce Musée.

8

So ... I feel that my experiences of making cinema will always be more stimulating, more fascinating and more exciting than your experience in watching it – you do not share the text, enjoy the preparations, see the manufacture of the sets and the props, feel the atmosphere of the architecture, be perplexedly stimulated by the range of choice possible in the casting, the location-finding, the editing of images, the selection of the sound and the development of the dialogue, and be party to the exacting decisions of scale and illusion.

And I feel, on perusal of the finished artefact, that I, too, am being strangely and curiously short-changed. I want the illusion of the moving cinematic image, but I also want the delights of the original ideas, formats, strategies and texts, the excitements of the expertise of the collaborators, the reality of the props and the sets. And as a consequence I would wish to find ways and means of communicating to others and re-communicating to myself these fascinations.

Here at last I come to reveal my new-found enthusiasm that hopes to make positive so many of the cinema negatives discussed – that hopes to use cinema language but outside of the cinema – that hopes to herald in some way a certain sort of mega-cinema and establish a genre of great excitement that is a fitting proposition for the subjective imagination. It is, very simply, the exhibition.

Je pense donc que mon expérience, en tant que réalisateur, sera toujours plus fascinante et plus passionnante que la vôtre en tant que spectateur. Vous ne partagez pas le texte, ne participez pas à la préparation, vous ne voyez pas la réalisation des décors et autres accessoires, vous n'êtes pas étonnés, ni stimulés par la variété du choix lors d'un casting, du repérage des lieux, du tournage, du montage, de la mise en place des dialogues, vous n'intervenez pas dans les exigeantes décisions d'échelle et d'illusion.

Et je sens bien, en regardant le produit fini, que moi aussi je perds étrangement au change. Je veux l'illusion de l'image cinématographique vivante, mais je veux aussi les délices des idées originales, des formats, des stratégies et des textes, l'engouement des collaborateurs, la réalité des décors. Et en conséquence, je souhaiterais trouver des moyens de restituer aux autres et à moi-même ces fascinations.

Je souhaite enfin faire part de mon nouvel enthousiasme né de l'espoir de rendre positif les points négatifs du cinéma. J'espère utiliser le langage cinémato-graphique ailleurs qu'au cinéma, annoncer une certaine forme de méga-cinéma, imposant un genre à grandes sensation : c'est tout simplement l'exposition.

100 Objects to Represent the World – *the Cloud*

100 Objets pour représenter le Monde - *le Nuage*

100 Objects to Represent the World – *the Umbrellas*

100 Objets pour représenter le Monde – *les Parapluies*

SITE 9. A MEMORIAL TO TWO FRIENDS IN ST ANTOINE SQUARE

A contemplation of a contemplation with a sound-track of trickling water. This is a frame of a marble slab depicting two female figures. It is a memorial to the friendship of two 19th-century novelists who were born within a year of one another and who died in the same month.

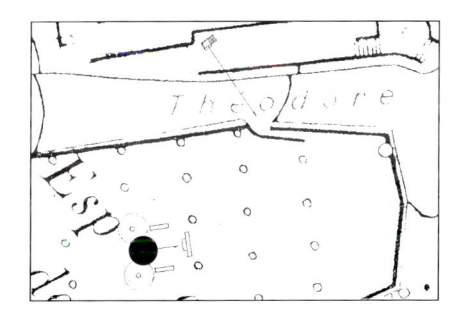

SITE 9. LE MÉMORIAL DE DEUX AMIES SUR L'ESPLANADE SAINT-ANTOINE

Contemplation d'une contemplation sur fond sonore d'un filet d'eau qui coule goutte à goutte. C'est un groupe de marbre représentant deux figures féminines, mémorial érigé en souvenir de l'amitié de deux romancières du XIXème siècle, qui sont nées à une année de différence et qui sont mortes le même mois.

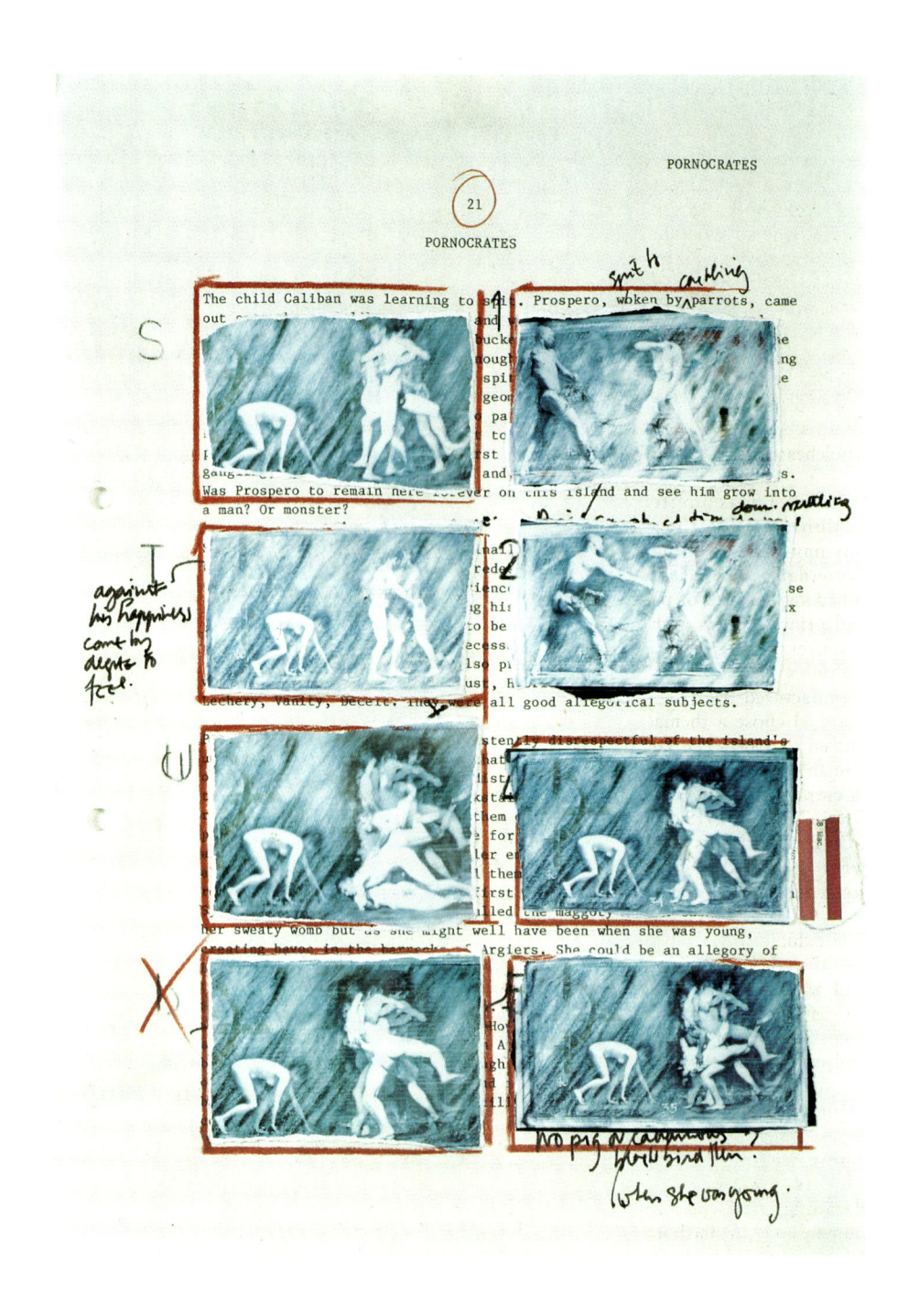

A page from Prospero's Books – *Pornocrates*

Une page extraite de Prospero's Books - *Pornocrates*

SITE 10. THE STAIRS IN THE WALL IN ST ANTOINE SQUARE
A turning staircase that a static viewpoint will half conceal. It is an example of a frame providing information that cannot be seen but can be surmised. The stairway itself is a little dangerous, threatening to throw the walker into the road which itself is concealed by a hidden bend.

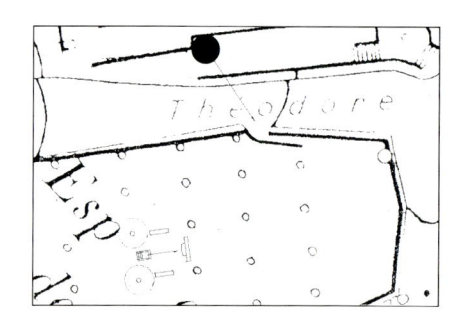

SITE 10. L'ESCALIER TAILLÉ DANS LE MUR DE L'ESPLANADE SAINT-ANTOINE

Un escalier qui tourne et qu'on ne verra qu'à moitié si l'on reste immobile. C'est l'exemple d'un cadrage donnant une information qui ne peut être vue mais seulement imaginée. L'escalier présente un certain danger, menaçant de faire chuter le promeneur sur la route, elle-même dissimulée par un tournant caché.

10

2. SIX EXHIBITIONS

I have had the opportunity in the last three years to work on the possibilities of an association between cinema and exhibition by being given the chance to curate some six exhibitions. I am certain that initially I was invited to do this because of the nature of the cinema I am associated with, which attempts to use many disciplines across many cultural fields. Each exhibition has continued to pursue cinema interests, but has repeatedly demonstrated excitements that cinema for me has failed to satisfy wholeheartedly.

In 1990 I was invited to curate an exhibition using the resources of the Boymans-van Beuningen collection in Rotterdam. The celebrated bulk of the collection consists of paintings, drawings and prints, but its archives also include reserves of sculpture, furniture and ceramics, glassware and design objects manufactured over the last five hundred years. I chose a thematic preoccupation related to a personal fascination with the human figure associated with my interest in corporeality in films like THE COOK, THE THIEF, HIS WIFE AND HER LOVER. Exhibits of the human figure were arranged in a chronology from conception to senility.

The exhibition also included (to relate it to a directly practical world) those objects and artefacts especially designed for the intimate touch of the human body – like utensils designed to be used by the hand and mouth, bicycle-seats moulded for the comfort of the buttocks, spectacle frames moulded for the fragility of the nose.

There was also a large collection of objects and images that historically demonstrated intimate touch of the human body, from thumb-prints on 14th-century pottery to thumb-prints of Salvador Dali on paintings of the 1930s.

2. SIX EXPOSITIONS

Ces trois dernières années, j'ai eu l'occasion d'associer cinéma et expositions. J'ai eu en effet la chance de créer six expositions. Je suis certain d'avoir été initialement invité à le faire en raison de la nature même de mon style cinématographique qui tente d'allier un grand nombre de disciplines à des domaines culturels très divers. Tout en œuvrant exclusivement dans l'intérêt du cinéma, ces expositions m'ont, à chaque fois, procuré des joies que je ne peux pas partager avec le cinéma.

En 1990, j'ai été invité à mettre en scène une exposition à partir d'objets et d'œuvres provenant de la collection Boymans-van Beuningen de Rotterdam, célèbre pour son impressionnante variété de peintures, dessins, gravures, mais aussi des réserves de sculptures, de meubles, de céramiques, de verreries et d'objets design réalisés au cours des cinq cent dernières années. J'ai choisi un thème lié à ma fascination personnelle pour le corps humain, exprimée dans des films tel que LE CUISINIER, LE VOLEUR, SA FEMME ET SON AMANT. Le corps humain était représenté suivant une chronologie allant de la conception à la sénilité.

L'exposition comprenait également – afin de la relier au monde tangible – des objets et des artefacts conçus pour avoir un rapport intime avec le corps humain: des ustensiles à l'usage des mains ou de la bouche, des selles de vélo adaptées au confort du fessier, des montures de lunettes adaptées à la fragilité du nez.

Il y avait également une vaste collection d'objets et d'images qui soulignaient historiquement ce rapport tactile intime avec le corps humain : des empreintes de doigts sur des poteries datant du XIVème siècle aux empreintes de pouces laissées par Salvador Dali sur des toiles datant des années 30.

The lover's corpse from The Cook, the Thief, His Wife and Her Lover

Le Cadavre de l'Amant dans Le Cuisinier, Le Voleur, Sa Femme et Son Amant

The Physical Self, Rotterdam

The Physical Self, *Rotterdam*

SITE 11. THE CALVIN COLLEGE OWL

This is the first true detail in the series – an owl – a contradictory symbol of both darkness and wisdom. If it could be any other bird, then the paradox of fixing in immobility an image of flight and freedom would be more disturbing - but a motionless owl is not unfamiliar.

SITE 11. LA CHOUETTE DU COLLÈGE CALVIN

C'est le premier vrai détail de la série – une chouette – un symbole contradictoire d'obscurité et de sagesse. S'il pouvait s'agir de n'importe quel autre oiseau, le paradoxe de fixer de manière immobile une image de vol et de liberté serait encore plus troublant, mais une chouettte immobile n'a rien d'inhabituel.

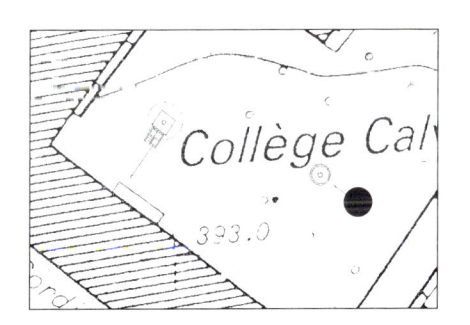

The Physical Self, *Rotterdam*

The Physical Self, *Rotterdam*

At the various cross-roads of the exhibition, viewable from every perspective, live nudes were exhibited in glass cases. They were required to stand, sit and lie to refer to the customary poses of the art studio, which in turn reflect the major positions of the body in everyday life. They were male and female, old and young. To lessen the strain of long posing hours, some thirty people were employed working in a roster – each obliged to pose for a period not in excess of two hours in any one day. Over the period of the seven-week exhibition, this meant a considerable variety of human types and bodies and poses on show within the given parameters. It was understandable, but a pity, that the human body from nought to eighteen could not be represented.

The purpose of this living Muybridge collection was to provide a real focus for all the other items in the exhibition that drew on the body as their source of inspiration, fascination, use and utility, to provide, in short, the flesh and blood of this Western cultural fascination to see, watch, wonder at, accommodate and commemorate the body. Outside of the strip-club, the art studio, and domestic intimacy, all of whose purposes are circumscribed to a different and local usage, it is not possible to legitimately stare at the naked human body without censure.

I was aware that if this exhibition were to be a film, notions of sequence that were important – in so far as a journey was being made by a visitor moving from one section of the exhibition to another – would have to be made slave to a narrative. But only a connecting sense of sequence was necessary here. Why has the cinema associated itself with the business of story-telling? Could it not profitably exist without it? My cinema experiments with numerical systems,

A diverses intersections du parcours de l'exposition, il y avait des nus vivants, disposés dans des vitrines. On leur avait demandé de se tenir debout, assis ou couchés comme dans un atelier d'artiste, en référence aux principales positions du corps humain. Il y avait des femmes et des hommes, jeunes ou vieux. Afin d'éviter de trop longues heures de poses, quelques trente personnes se relayaient toutes les deux heures. Sur les sept semaines que durait l'exposition, on disposait ainsi d'une grande variété de physiques et de poses selon les paramètres donnés. Il est compréhensible – mais regrettable – que le corps humain de zéro à dix-huit ans n'ait pu être représenté.

Le but de cette "Muybridge Collection" vivante était de valoriser tous les autres éléments de l'exposition qui prenaient alors le corps humain comme source d'inspiration, de fascination et d'utilisation, pour commémorer et résumer ce besoin culturel, en occident, à voir et à observer le corps humain. Hors de la boîte de strip-tease, de l'atelier de l'artiste et de l'intimité du foyer, dont les fonctions sont limitées à des modes différents, il n'est pas possible de regarder légitimement le corps humain nu, sans censure.

J'étais conscient que, si cette exposition devait être un film, l'idée de continuité, importante car le visiteur effectuait un voyage en se rendant d'une partie à l'autre de l'exposition, aurait été assujettie à une histoire. Mais ici, il suffisait simplement de lier les séquences entre elles. Pourquoi le cinéma s'occupe-t-il de raconter des histoires ? Ne pourrait-il pas exister sans cela ? Mes expériences cinématographiques à l'aide de systèmes numériques, de séquences alphabétiques, de codages de couleur ont toutes été entreprises dans le but de débusquer cette présomption incontestée qui voudrait que le mode narratif soit nécessaire et essentiel au cinéma.

SITE 12. THE MOTTO OF THE CALVIN COLLEGE DOORS

A framing of a sculpted cartouche above a doorway – and doorways are themselves always a frame for some (possible) viewing – where the Genevan motto POST TENEBRAS LUX is a fitting maxim for the business of cinema, though it is thought that cinema can rarely claim this maxim's serious philosophical import.

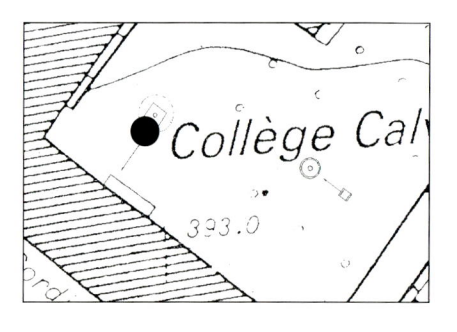

SITE 12. LA DEVISE SUR LA PORTE DU COLLÈGE CALVIN

Un cadrage d'un cartouche sculpté au-dessus d'une porte – sachant que les portes sont toujours le cadre d'une vision (possible) – où la devise genevoise POST TENEBRAS LUX est une maxime qui irait au cinéma, bien qu'on pense que le cinéma puisse rarement se réclamer du contenu philosophique de cette maxime.

12

alphabetical sequence, colour-coding, have all been attempts to dislodge this apparently unquestioned presumption that narrative is necessary and essential for cinema to convey its preoccupations.

This exhibition, like the cinema, was arranged from an initial position of 'a darkness illuminated', and, like the cinema, it offered frames, isolated images, to be seen in sequence. If this exhibition were to be a film, the time-frame of appreciation could only have had one speed. There would have been no possibility of going slower or going faster, no possibility of going faster and then going slower, no possibility of by-passing areas of lower-threshold interest, no possibility of staying still or static when the contemplation of a single item or idea was of paramount importance. Yet this exhibition had all the hallmarks of cinema's fascination with the human body, with sex, with experience, with ageing, with vulnerability, with provocation, even embarrassment, certainly with illusion and subjectivity.

Cinema is supposed to be a social activity, yet silence and stillness are nominally required of a visitor in front of a public screen. In the exhibition space, social activity is – and certainly was in Rotterdam – observably loquacious and interactive. Paintings, artefacts and images were the subject of plentiful commentary, sometimes perhaps informed, probably for the most part sponsored by straightforward uninformed curiosity and the wish to communicate interest. Would it not be possible to engineer these sorts of valuable characteristics and reactions within the language and practice of cinema?

Cette exposition, comme le cinéma, a été conçue à partir d'une position initiale de "obscurité illuminée" et, comme le cinéma, elle offrait des cadres et des images isolées devant être vues l'une après l'autre. Si cette exposition devait être un film, l'évaluation du cadre-temps ne disposerait que d'une vitesse. Il n'y aurait pas eu la possibilité de ralentir ou d'accélérer, d'accélérer puis de ralentir, de sauter des passages d'intérêt moyen, de fixer l'image sur un élément ou sur une idée d'importance primordiale. Or, cette exposition contenait tous les éléments de la fascination du cinéma pour le corps humain, le sexe, l'expérience, le vieillissement, la vulnérabilité, la provocation, la gêne, et en tout cas l'illusion et la subjectivité.

Le cinéma est censé être une activité sociale. On attend néanmoins du spectateur qu'il reste calme et silencieux devant le grand écran. Dans le cadre de l'exposition, on peut et on a pu observer une véritable activité sociale, passant par la parole et le dialogue. Les peintures, les artefacts et les images suscitèrent de nombreux commentaires, parfois peut-être avisés, mais surtout générés par un élan spontané de curiosité ou du désir de transmettre son intérêt. Ne serait-il pas possible de susciter ce genre de réactions précieuses à travers le langage et la pratique du cinéma ?

The Physical Self, *Rotterdam*

The Physical Self, *Rotterdam*

SITE 13. THE LAURA ASHLEY SHOP

The last figure to be represented on Geneva's Observatory Hill, like Henry Moore, is English, and her death by a fall downstairs is fitting. Laura Ashley was successful in the only occupation permitted to women by Calvinists – knitting and needlework. Calvin College was not prepared to receive women until 1969.

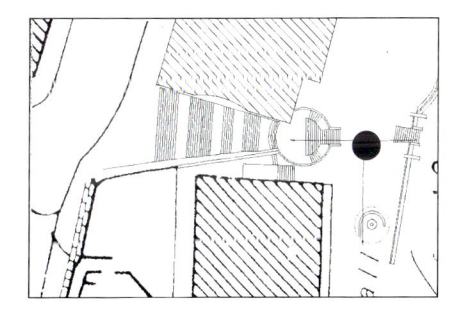

SITE 13. LA BOUTIQUE DE LAURA ASHLEY

La dernière figure de la colline de l'Observatoire est anglaise. Le fait qu'elle soit morte en tombant dans un escalier lui va bien. Laura Ashley a réussi dans le seul domaine acceptable pour le calvinisme: tricot et broderie. Il faut attendre 1969 pour accueillir la première femme au Collège Calvin.

Fallen Tree   100 Objects to Represent the World

Arbre abattu   100 Objets pour représenter le Monde

Funeral Carriage   100 Objects to Represent the World

Le Corbillard   100 Objets pour représenter le Monde

In 1991 the exhibition 100 OBJECTS TO REPRESENT THE WORLD was held in the Semper Depot and the Hofburg Palace in Vienna. It had an obsession with taxonomy. Why is it that museum-practice has arrived at certain methods of organising subject-matter which tend to categorise and classify in ways that perhaps are no longer valuable or instructive?

To celebrate three hundred years of the Academy of Fine Arts, who had taught Klimt, Schiele, Kokoschka, Schwitters, Kitaj and Adolf Hitler, I was offered an opportunity to create an exhibition from available cultural objects borrowed from the many museum-collections in Vienna, from the medical, criminal and scientific collections, from the Freud Museum, the Mozarteum, the National Collections of Painting and the Kunsthistoriches. It was, on my choosing, to be an exhibition that placed art objects of so-called high cultural reputation with objects of low cultural standing, and with objects of apparently no cultural credentials at all; an exhibition whose taxonomy was subjectively subversive, having nothing in common with the five orthodox categories of taxonomy that museum-culture generally sees as relevant – namely, the categories of age, authorship, nationality, material and ownership.

The organizing conceit was simple. The Americans in the Voyager spaceships of the 1970s had arrogantly sent a payload off into Outer Space to represent the world to any of the possible inhabitants out there who might find such a gesture interesting. You were not asked to contribute to this representation and neither was I, so what sort of world were they seeking to represent? If you and I were not consulted or represented, could their efforts be considered to have made a contribution to any picture an extra-

En 1991 l'exposition 100 OBJETS POUR PRESENTER LE MONDE se tint au "Semper Dépôt" et au Hofburg de Vienne. Elle était comme obsédée par la taxonomie. Comment se fait-il que les musées en soient arrivés à ces méthodes d'organisation thématique qui ne font que cataloguer les choses d'une manière qui, peut-être, n'a plus aucune valeur instructive?

Pour commémorer les trois cents ans de l'Académie des Beaux-Arts qui avait formé à la fois Klimt, Schiele, Kokoschka, Kitaj et Adolf Hitler, je reçus la proposition de monter une exposition à partir d'objets culturels empruntés aux nombreuses collections des musées de Vienne, dont le Musée Freud, le Mozarteum, les Collections Nationales de peintures, les collections médicales, criminelles et scientifiques, et le Kunsthistoriches. J'avais décidé que cette exposition devait réunir des objets d'art d'un rayonnement hautement culturel à d'autres objets de peu de valeur culturelle voire aucune ; une exposition dont la taxonomie était subjectivement subversive, n'ayant rien en commun avec les cinq catégories en pratique dans les musées traditionnels, à savoir l'âge, l'auteur, la nationalité, le matériel et la provenance.

La prétention des organisateurs était simple : les américains à bord des vaisseaux spatiaux Voyager des années 70 avaient expédié dans l'espace, avec quelque arrogance, une "charge" censée présenter le monde terrestre aux éventuels habitants qui auraient pu trouver ce geste intéressant. Ni vous, ni moi n'avons été sollicité à contribuer à l'image envoyée. Quelle sorte de monde cherchaient-ils à representer ? Si ni vous ni moi n'avons été consultés ou représentés, peut-on considérer comme efficaces leurs efforts à rèaliser une image représentative de la terre pour un extraterrestre? Afin de réparer ironiquement cet oubli, et avec dans

---

SITE 14. HEAD OF THE STAIRS LEADING DOWN TO THE RUE D'ITALIE

The next three sites concentrate on a flight of stairs that leads from Observatory Hill down into the plain of the city. This is a site where a sudden large change in the cast can be relied upon, as students enter and exit the surrounding buildings at precisely fixed times.

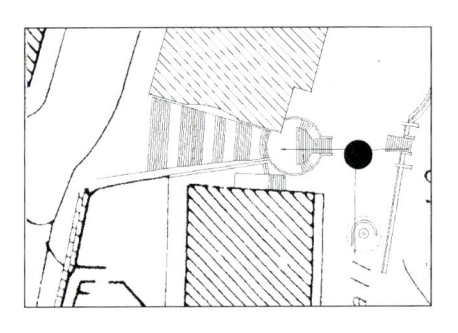

SITE 14. LE HAUT DE L'ESCALIER PLONGEANT VERS LA RUE D'ITALIE

Les trois sites suivants se concentrent sur un escalier moderne qui descend de la colline de l'Observatoire vers la plaine où s'étend la ville. Il constitue un site où l'on peut s'attendre à un brusque changement de la distribution, les étudiants entrant et sortant des bâtiments à des heures précises.

14

terrestrial might have of Earth? In ironic reparation of this oversight, and with thoughts that perhaps at the end of the second millennium, certainly at the end of the Twentieth Century, some form of summing-up, of stock-taking, would be useful, a shopping-list could be organized of 100 OBJECTS TO REPRESENT THE WORLD. This shopping-list was of course very subjective. It was mine.

To quote the catalogue introduction –
"This list of 100 objects seeks to include every aspect of time and scale, masculine and feminine, cat and dog. It acknowledges everything – everything alive and everything dead. It should leave nothing out – every material, every technique, every type of every type, every science, every art and every discipline, every construct, illusion, trick and device we utilise to reflect our vanity and insecurity and our disbelief that we are so cosmically irrelevant. Since every natural and cultural object is such a complex thing, and all are so endlessly interconnected, this ambition should not be so difficult to accomplish as you might imagine."

For example, to indicate both the brevity and the irony of this ambition, the fountain-pen inside my pocket is a machine that can represent all machinery; it is made of metal and plastic which could be said to represent the whole metallurgy industry from drawing-pins to battleships, and the whole plastics industry from the intra-uterine device to inflatables. It has a clip for attaching it to my inside jacket pocket and thus acknowledges the clothing industry. It is designed to write, thus representing all literature, *belles lettres* and journalism. It has the name Parker inscribed on its lid, revealing the presence of words, designer-significance, advertising, identity.

l'idée que peut-être à la fin du deuxième millénaire – certainement à la fin du XXème siècle – il était utile de procéder à une certaine forme de bilan, je me suis occupé de dresser une liste de 100 objets pour représenter le monde. Une telle liste était naturellement très subjective. Elle était la mienne.

Citons l'introduction du catalogue ...
"Cette liste de 100 objets cherche à englober tous les aspects du temps et de l'espace, masculin, féminin, chien et chat. Elle prend tout en compte. Tout ce qui est vivant, tout ce qui est mort. Elle ne doit rien laisser de côté. Tous les matériaux, toutes les techniques, toutes les constructions, les illusions, les trucs, et les ruses dont on se sert pour refléter notre vanité et notre insécurité et notre refus de croire que nous sommes cosmiquement sans intérêt. Étant donné que tout objet culturel ou naturel est d'une telle complexité, et que tout est si étroitement et infiniment lié, cette ambition ne devrait pas être aussi difficile à réaliser qu'on pourrait le croire."

Par exemple, afin d'indiquer la brièveté et l'ironie à la fois de cette ambition, le stylo plume dans ma poche est une machine qui peut représenter toute machinerie ; il est fait de métal et de plastique qui, pourrait-on dire, représentent toute l'industrie métallurgique, du trombone au navire de guerre, et toute l'industrie plastique, du préservatif aux matelas gonflables. Il possède une bague pour l'attacher à la poche intérieure de ma veste et se rattache ainsi à l'industrie du vêtement. Il est fait pour écrire et représente ainsi toute la littérature, les belles lettres et le journalisme. Il a le nom Parker écrit sur son capuchon, et révèle ainsi la présence des mots, l'importance du designer, la publicité, l'identité.

The exhibition 100 Objects to Represent the World

L'exposition 100 Objets pour représenter le Monde

Classical Figures 100 Objects to Represent the World

Figures classiques 100 Objets pour représenter le Monde

SITE 15. HALFWAY DOWN STEPS LEADING TO THE RUE D'ITALIE

The three viewing-points on this modern staircase leading to the Rue d'Italie perform like surveillance cameras, covering every viewable angle on a mainly young and shifting population. But we should suspect no ill intent - the aim is to demonstrate innocently a multiple coverage is not uncommon contemporary cinematic practice.

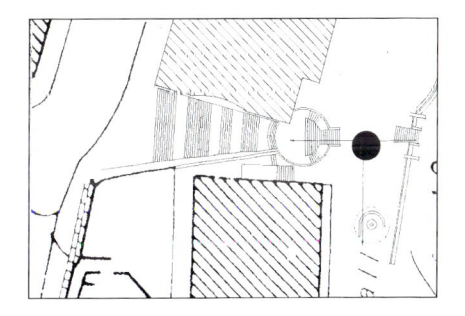

SITE 15. MARCHES INTERMÉDIAIRES DESCENDANT VERS LA RUE D'ITALIE

Les cadrages de cet escalier fonctionnent comme des caméras de surveillance, couvrant tous les angles de vue possibles sur une population jeune et mouvante. Mais il ne faut certainement y voir aucune mauvaise intention, le but étant de montrer un plan multiple, ce qui est fort courant en cinéma contemporain.

15

Crashed Aircraft 100 Objects to Represent the World

Avion écrasé 100 Objets pour représenter le Monde

Sleep 100 Objects to Represent the World

Le Sommeil 100 Objets pour représenter le Monde

Adam and Eve 100 Objects to Represent the World

Adam et Ève 100 Objets pour représenter le Monde

No object in the exhibition in Vienna was as small as a fountain-pen, but a similar process of association was always at work.

One medium sized object in the exhibition was a crashed civil aircraft – lodged amongst the marble columns of the Hofburg Palace – to represent flight, hubris, machinery, ambition, ingenuity and failure of endeavour. Other objects included Sleep – exemplified by observing the daily slumber of a volunteer who had rearranged her sleeping habits to bed down between sheets all day for the visitor to watch with some wonder at such vulnerability and much silent respect for the person's need for recuperation. Or – and this related to the nudes of the Rotterdam exhibition – Adam and Eve, presented in a glass case to represent man and woman, male and female, innocence, modesty, forbidden knowledge, sex, sin, exploitation, sensationalism, provocation, embarrassment, beginnings, God and Genesis.

Item number 33 was A Baby – presented in the exhibition every day at noon for one hour to signify new beginnings, continuity, motherhood, hope, a fresh start, vulnerability, and indeed simply – children. Item 30 was the Willendorf Venus. Item 43 was Mozart's apocryphal skull. Other items were a large block of gently melting ice, a perpetual thunderstorm, a pile of coins, a dead cow, 100 daily newspapers delivered every morning by a paper-boy, a pile of dust, the last judicially decapitated head in Austria, a conference table, a human tattoo. Each object or installation was imaginatively exhibited with carefully conceived cinematographic lighting, a copiously illustrated catalogue and the authority given it by the visit of 90,000 people in five weeks.

Aucun objet de cette exposition n'était aussi petit qu'un stylo-plume, mais il s'y établissait un procédé d'association semblable.

Parmi les objets de taille moyenne, on trouvait la carcasse d'un avion écrasé placée entre les colonnes de marbre du Hofburg. Il représentait le vol, l'orgueil, l'ambition, la machine, l'ingéniosité et l'échec. Parmi d'autres objets, on trouvait le sommeil, rendu par l'observation de la sieste d'une volontaire qui avait inversé ses habitudes de sommeil et était couchée toute la journée, sous le regard des visiteurs parfois émerveillés devant tant de vulnérabilité et qui respectaient le silence afin de la laisser récupérer. Ou encore – à la façon des nus de l'exposition de Rotterdam – on trouvait Adam et Ève exposés dans une vitrine, représentant l'Homme et la Femme, le mâle et la femelle, l'innocence, la modestie, la connaissance interdite, le sexe, le péché, l'exploitation, le sensationnel, la provocation, la gêne, le commencement, Dieu et la Genèse.

L'objet numéro 33 était un bébé – exposé tous les jours de midi à une heure – afin d'évoquer de nouveaux départs, la continuité, la maternité, l'espoir, un tournant dans la vie, la vulnérabilité et tout simplement les enfants en général. L'objet 30 était la "Vénus de Willendorf", l'article 43 était le crâne apocryphe de Mozart. Il y avait également un gros bloc de glace en train de fondre, un orage ininterrompu, un tas de pièces de monnaie, un cadavre de vache, 100 quotidiens distribués tous les matins par un vendeur de journaux, un amas de poussière, la tête du dernier condamné à mort d'Autriche, une table de conférence, un tatouage humain. Chaque objet ou installation était exposé avec beaucoup d'imagination dans une lumière cinématographique choisie. Un catalogue richement illustré complétait l'exposition et le passage de plus de 90 000 visiteurs en cinq semaines a montré l'intérêt suscité par le sujet traité.

SITE 16. VIEW OF STEPS LOOKING UP FROM THE RUE D'ITALIE

The Rue d'Italie is a reminder of the Italian commercial interests that settled in Geneva – halfway between the south and north of Europe – as early as the 14th century. Italian bankers, traders and importers came to Geneva confident that there were no religious prohibitions against the banking and exchange-trade.

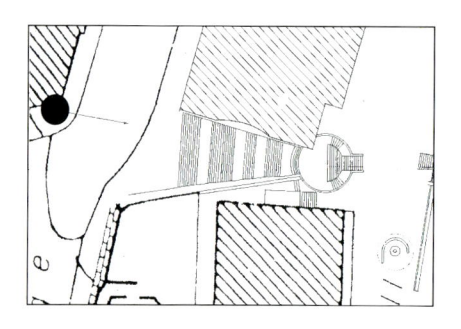

SITE 16. LES MARCHES REMONTANT DEPUIS LA RUE D'ITALIE

La rue d'Italie est un vestige des intérêts commerciaux italiens qui s'établirent à Genève – à mi-chemin entre le sud et le nord de l'Europe – dès le XIVème siècle. Banquiers et négociants italiens se sont installés à Genève, rassurés par l'absence d'interdits religieux à l'encontre des activités bancaires et commerciales.

Here was live specimen and dead object, installation and representation, ready-made, art-work and art-object, stuffed specimen, reproduction, potential fake, real fake, substitute, proxy object, object by description, all brought together in a synthesis to represent a picture of a world where all these phenomena are commonly interacting all the time.

In a comparison between cinematic and exhibition language, this exhibition was omnivorously image-conscious but in a very tactile way. It was full of acts of presentation, visual treats and visual (and aural) sensation, and it was powerful in that it avoided the sameness that cinema demands of illustrative and illusionistic picture after picture – all couched within rules of homengeneity where all images have to be of like manufacture, of like consistency, to attain a regular smoothness of appreciation.

Perhaps, most exciting of all, though this first manifestation was relevant to the cultural parameters of Vienna, it could live again and again by re-creation, by accepting invitations from St Petersburg, Rio de Janeiro, Sydney and Tokyo, to take this same shopping-list of 100 OBJECTS TO REPRESENT THE WORLD, and re-make it according to the parameters, practicalities and ambitions of these city-capitals.

On pouvait y voir des spécimens vivants, des objets morts, des installations et des représentations, des ready-made, des œuvres et des objets d'art, des animaux empaillés, des reproductions, des faux en puissance, des vrais faux, des objets par procuration et par description, tous assemblés dans le but de représenter la synthèse d'un monde où tous ces phénomènes sont constamment en perpétuelle interaction.

Pour établir une comparaison entre le langage du cinéma et l'exposition, on pourrait affirmer que cette exposition était caractérisée par l'obsession de l'image, mais d'une manière essentiellement tactile. Elle regorgeait de mises en scène, elle était un régal de sensations visuelles et auditives. Sa force était d'éviter l'uniformité dans l'illustration et l'illusion qu'exige le cinéma image par image, selon certaines règles d'homogénéité qui veulent que toutes les images soient de même fabrication et de même composition afin d'en faciliter la compréhension.

Mais l'aspect le plus passionnant de cette manifestation – bien qu'elle ait été tout d'abord adaptée aux critères viennois – est qu'elle pouvait être recréée ailleurs à Saint Pétersbourg, Rio de Janeiro, Sydney et Tokyo pour montrer à nouveau cette même liste de 100 OBJETS POUR REPRÉSENTER LE MONDE en l'adaptant aux paramètres, aux moyens et aux ambitions de chacune de ces capitales.

Plaster-cast Busts   100 Objects to Represent the World

Bustes en plâtre   100 Objets pour représenter le Monde

Armoured Animals   100 Objects to Represent the World

Animaux en armure   100 Objets pour représenter le Monde

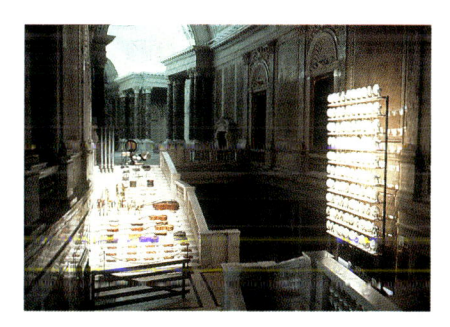

Wind and Orchestra   100 Objects to Represent the World

Vent et Orchestre   100 Objets pour représenter le Monde

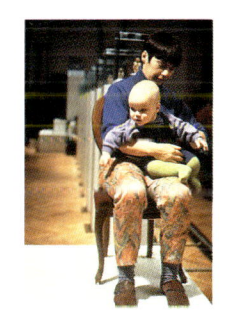

A Baby   100 Objects to Represent the World

Un Bébé   100 Objets pour représenter le Monde

SITE 17. THE LAW COURTS

Here is the first multiple staircase of the series – looking uphill to the steps of the Law Courts, downhill to the gates of the Lutheran Church and sideways to the entrance of the quaintly-named passage of the Chickens. Here is represented an uneven triumvirate of Justice, Reformed Religion and Tom-foolery.

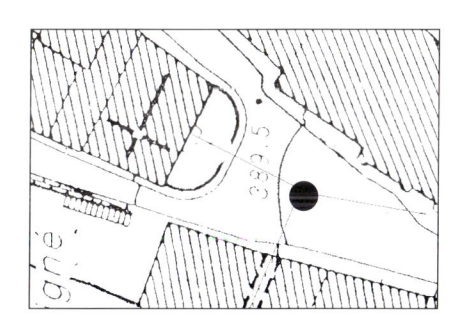

SITE 17. LE PALAIS DE JUSTICE

Voici le premier escalier multiple de l'ensemble, orienté en haut sur les escaliers du Palais de Justice, en bas sur l'Eglise luthérienne et sur le côté vers un passage curieusement nommé les "Degrés-de-Poules". On y voit un triumvirat inégal de Justice, de religion réformée et de fantaisie débridée.

17

In 1992 I was given the opportunity to curate an exhibition of drawings in the Louvre, whose Department of Drawings has a policy of inviting guests - interested in pictorial language but outside the orthodox museum disciplines - to curate an exhibition of their own choosing. This exhibition called FLYING OUT OF THIS WORLD, or more poetically though less literally, LES BRUIT DES NUAGES, was a collection of some one hundred drawings from the last five hundred years, from Michelangelo to Rodin, Memling to Odilon Redon. The nominal subject was flying, but it also embraced notions of gravity and heaviness, the Fall, falling, and flight in both its meanings.

En 1992, on m'a proposé d'être le commissaire d'une exposition de dessins au Musée du Louvre à Paris. Le département des dessins de ce musée a pour politique d'inviter des gens – extérieurs au monde traditionnel du musée, mais néanmoins intéressés par le langage pictural – à monter une exposition de leur choix. L'exposition, intitulée LE BRUIT DES NUAGES, regroupait une centaine de dessins datant des cinq siècles derniers, de Michel-Ange à Rodin, de Memling à Odilon Redon. Le thème principal en était le vol, mais il englobait également les notions de gravité et de pesanteur, ainsi que la chute et l'envoi dans son sens large.

Louvre, département des Arts Graphiques Photo R.M.N.

The Abduction of Ganymede *after Michelangelo*

L'enlèvement de Ganymède *d'après Michel-Ange*

SITE 18. THE LUTHERAN TEMPLE

This is a framing of a gateway – an introduction to an introduction. Fronted by a small modest garden that makes this independent town-house a little incongruous in a city of terraced masonry is a disguised Lutheran Temple, forbidden by Geneva law in the 18th century to advertise its religious doctrine.

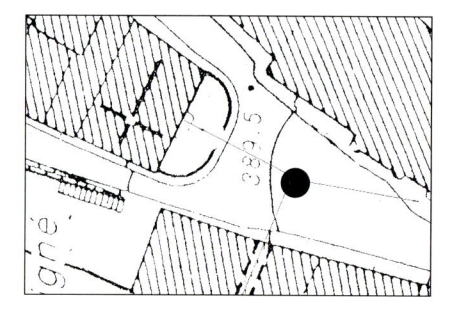

SITE 18. L'ÉGLISE LUTHÉRIENNE ÉVANGÉLIQUE

Il s'agit du cadrage d'une entrée ou de l'introduction d'une introduction. Précédé d'un modeste jardin – qui rend cette maison isolée un peu incongrue dans une ville en terrassements – se dresse une église luthérienne déguisé, parce que la législation genevoise du XVIIIème siècle lui interdisait de prôner ouvertement sa doctrine religieuse.

Cinema has always had a preoccupation with ideas of personalised individual flight. Expensive attempts to deal with angels and Superman are numerous, and generally, and paradoxically, solved by making the flying creatures remain static and moving the world behind them. In the Louvre exhibition, the basic irony was not lost that flight, so three-dimensional and conventionally rapid, should be the subject portrayed in a medium that is so two-dimensional and static.

Making the comparison between what cinema would have demanded of the subject and what the exhibition could achieve, here was a possibility to present encyclopaedic variations on a theme without any desire for drama personified by actors. Here was the possibility for interpretation to be made by contemplation of the image at leisure, here again there was no need for homogeneity, where the physical manifestation of the drawings themselves – potent objects demonstrating the touch of their author and the stuff of the materials that made them – were manifest for contemplation. This was no collection of filmed reproductions – the iconic presence of the hand of Primaticcio, of Victor Hugo, has no substitute – and yet the exhibition was still in essence a collection of frames that demanded suspension of disbelief, that simulated a presentation of movement, but were manifest at their own scale – large, medium, small – and carried with them an important sense of their own time.

L'idée d'un envol individuel a toujours été une des préoccupations du cinéma. Les tentatives coûteuses d'expérimenter le thème des anges ou de Superman font légion. Généralement et paradoxalement, on ne fait pas bouger ces créatures mais c'est le monde derrière elles que l'on fait défiler. Dans l'exposition du Louvre, on n'échappa pas non plus à cette ironie qui veut que le vol, tridimensionnel et rapide par excellence, soit illustré à l'aide de moyens essentiellement statiques et à deux dimensions.

En comparant la manière dont le cinéma aurait traité le sujet à ce que l'exposition permettait de réaliser, j'avais la possibilité de présenter quelques variations encyclopédiques sur un thème, sans recourir à une trame dramatique personnifiée par des acteurs. Le spectateur pouvait ainsi donner libre cours à sa propre interprétation grâce à la simple contemplation de l'image. Il n'y avait, là encore, nul besoin d'homogénéité, face à la seule présence physique des dessins, objets tangibles et portant la trace de leur auteur et de leur fabrication.

Ce n'était pas une collection de reproductions filmées – l'impact des œuvres originales de Primaticcio, de Victor Hugo est irremplaçable – mais l'exposition n'en était pas moins une collection de cadrages qui simulait une présentation de mouvement tout en ayant une présence propre à leur échelle – grande, petite ou moyenne –, chacun témoin de leur époque respective.

SITE 19. THE CHICKEN-STEPS FROM THE BOTTOM

A framing of a dark hole in the wall - possible rendezvous of clandestine lovers, secret business-deals, and the possessor of a most bizarre name – the Chicken-Steps. It may once have been constructed like a ladder into a hen-coop. The passage is now an amusing hazard on a yearly bicycle race.

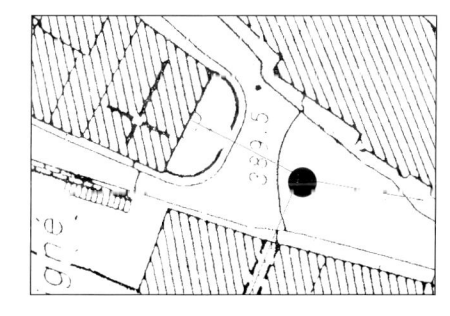

SITE 19. LES "DEGRÉS-DE-POULES" DEPUIS LE BAS

C'est le cadrage d'un trou noir dans le mur, lieu de rendez-vous d'amoureux clandestins, de tractations secrètes, au nom bizarre: les "Degrés-de-Poules". Il se peut qu'ils aient été à l'origine comme une échelle pour un poulailler. Ils sont chaque année le théâtre d'une folle course de vélos.

In the Spring of 1993, in association with the Venice Biennale, the Commune of Venice suggested the possibility of an exhibition at the Palazzo Fortuny where most of the rooms and the exterior of the 14th-century palace would be made available. The subject chosen, in deference to Venice, and in association with the multiple images and conceits of water in the films I had made since 1974, was WATCHING WATER. The stimulus for the exhibition was a statement made by Fortuny, "Can you think of anything more magical than the beauty of electricity?". A prophetic enough remark to make in 1910, before the advent of television, and especially significant now.

The exterior, in the Venetian tradition of Carpaccio, was hung with drapes, the upstairs rooms decorated as though Fortuny had just vacated them, the downstairs rooms given over to the very manifestations of electricity that Fortuny enthused about in terms of theatrical effects and televisual pictures, and the basement to a fantasy of artificial water created by light.

Here were various opportunities united to entertain the potency of real objects and extant architecture, where the visiting crowds themselves became participants as film-extras on what were, in effect, prepared sets, to find their own wide shots, mid-shots and close-ups – rather than being shown them, however imaginatively, within a series of rectangular frames selected by the limited perspective of the camera. The spectator could be the selective eye, and in effect, any imaginative film invented by a viewer would be unique and valid to him or her alone.

Au printemps 1993, la commune de Venise, associée à la Biennale de Venise, m'avait proposé d'être le commissaire d'une exposition devant se tenir dans la cour et dans la plupart des salles du Palazzo Fortuny, une construction datant du XIVème siècle. Le sujet choisi, WATCHING WATER, en rapport direct avec Venise, faisait écho aux multiples images et concepts de l'eau présents dans mes films depuis 1974. Une déclaration de Fortuny a de plus contribué à susciter cette exposition: "Peut-on imaginer quelque chose de plus magique que la beauté de l'électricité ?" Cette remarque pour le moins prophétique en 1910, bien avant l'arrivée de la télévision, l'est d'autant plus aujourd'hui.

L'extérieur du palais, dans la tradition vénitienne de Carpaccio était recouvert de tentures. Dans les étages, les salles étaient décorées comme si Fortuny venait à peine de quitter les lieux, quant aux salles du bas, elles étaient entièrement consacrées aux effets théâtraux de l'électricité qui enthousiasmaient tant Fortuny. Les caves présentaient des effets d'eau créés par un jeu de lumières artificielles.

Toutes les conditions étaient réunies pour entretenir la magie des objets réels dans un cadre architectural existant et dans lequel les visiteurs eux-mêmes étaient amenés à participer comme figurants. Cette mise en scène encourageait ces derniers à trouver eux-mêmes leurs points de vue moyens, larges et gros, au lieu de les contraindre à regarder à l'intérieur d'une série de cadres rectangulaires sélectionnés par la perspective restreinte de la caméra. Le spectateur devenait l'œil sélectif, et, de ce fait, toute fiction inventée par lui était unique et personnelle.

SITE 20. THE CHICKEN-STEPS FROM THE TOP

This dark passage-way used to provide a short cut from the prison to the Law Courts and for transferring prisoners from the prison Saint Antonie to the prison de l'Evêche where Luigi Lucchini, Italian anarchist assassin of the Austrian Empress Elizabeth of Wittelsbach, hung himself with his belt in 1910.

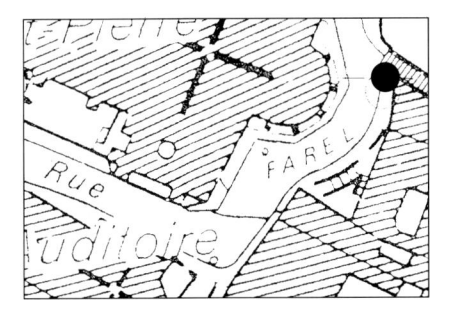

SITE 20. LES "DEGRÉS-DE-POULES" DEPUIS LE HAUT

Ce sombre passage servait autrefois de raccourci pour aller de la prison au Palais de Justice, pour transférer les prisonniers de la prison de Saint-Antoine à celle de l'Evêché où l'anarchiste italien Luigi Lucchini, qui a assassiné l'impératrice d'Autriche Elizabeth de Wittelsbach, s'est pendu avec sa ceinture en 1910.

Venice exhibition – Watching Water

Exposition de Venise – Watching Water

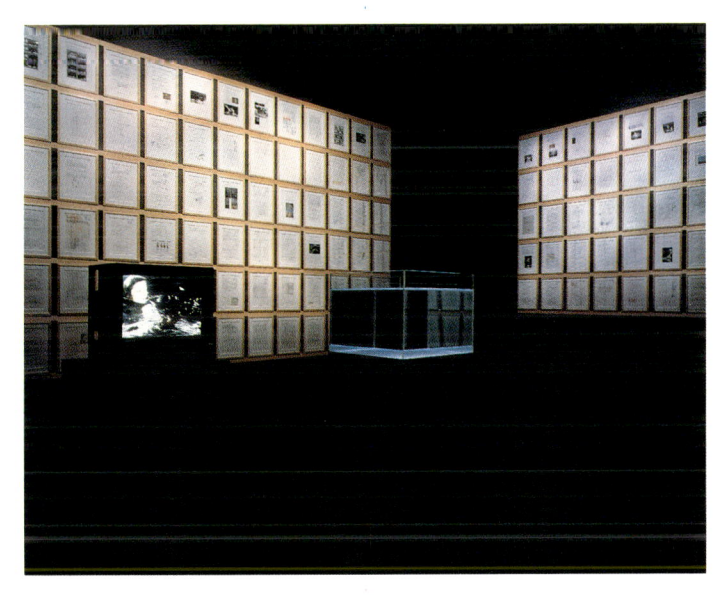

Venice exhibition – Watching Water

Exposition de Venise – Watching Water

SITE 21. CATHEDRAL SEAT AT THE TOP OF THE CHICKEN-STEPS

A frame of steps masquerading as a seat, a resting-place after climbing the Chicken-Steps. Ever since the present church was built in 1288, there has been a history of fires. The first tower in 1288 was constructed with a signal-room where a guard constantly watched for enemies, storms and fire.

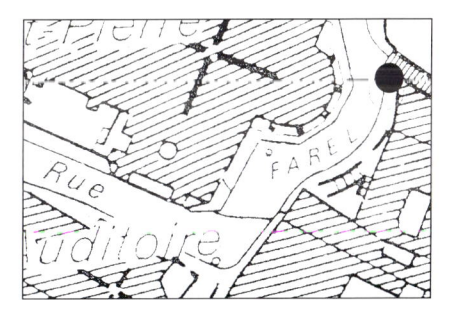

SITE 21. "SIÈGE" CONTRE LE CHEVET DE LA CATHÉDRALE EN HAUT DES "DEGRÉS-DE-POULES"

Escaliers aménagés en siège bienvenu après avoir gravi les "Degrés-de-Poules". Depuis que l'église a été construite en 1288, il y a toujours eu des histoires d'incendies. La première tour a été élevée avec un poste d'observation d'où un garde guettait continuellement les ennemis, les orages et les incendies.

21

Swansea exhibition – Some Organising Principles

Exposition de Swansea – Some Organising Principles

SITE 22. A VIEW OF THE LAKE FROM THE AGRIPPA TERRACE

A vertical framing of the lake glimpsed between commercial buildings. The furthest bank of the lake can be made out in fine weather. At night it was planned to set a bright light shining back to the terrace in acknowledgement of the distance, but respect for navigational hazards forbade it.

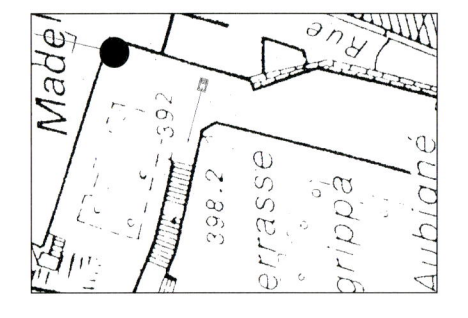

SITE 22. UNE VUE DU LAC DEPUIS LA TERRASSE AGRIPPA

Un cadrage vertical du lac aperçu à travers les immeubles de bureaux. Par beau temps, on devine la rive la plus éloignée du lac. La nuit, on voulait y mettre un projecteur éclairant la terrasse de l'arrière pour souligner l'effet de distance, mais c'était bien trop dangereux pour la navigation.

22

In the autumn of 1993, the Welsh Arts Council created the opportunity for two exhibitions, in Cardiff and in Swansea, as part of a Welsh Fellowship Award.

The Swansea exhibition, called SOME ORGANISING PRINCIPLES, invented a three-dimensional catalogue in sound, light and artefacts, of ways and means in which the world is measured, timed, weighed, counted and numbered. All of the eight hundred exhibited items were loaned from the rural and industrial museum collections of South Wales – weights, measures, rules, scales, balances, maps, plans, charts, tools, games. They were exhibited, from my point of view, as properties – not invented items reproduced for the particular viewpoint of a camera, but properties with a history and a provenance, arranged, sometimes in very large numbers of the same object, as a thesaurus of source-material to be utilised at will in some unwritten hypothetical dramatic scenario of organization. Perhaps a film called indeed SOME ORGANISING PRINCIPLES.

The items were given a certain attention, and even glamour, by a sympathetic system of illumination that was forever changing, putting the objects in different lights and consequently different forms of emphasis, to repudiate, in various ways, that museum insistence on neutrality, which can so often be merely blandness, even sterility.

Audience appreciation suggested again a stimulated release from the persistently educative demands so often implied by an exhibition collection, a delight in being able to recognise and identify, often in a very intimate fashion, with familiar objects that had been given unexpected significance by being exhibited in a glass case, and the realisation that they, the audience, were involved and included in the lighting panorama which was frequently sensitised by their presence.

Durant l'automne 1993, le Welsh Arts Council permis la création de deux expositions à Cardiff et à Swansea dans le cadre du Welsh Fellowship Award.

L'exposition de Swansea, intitulée SOME ORGANISING PRINCIPLES, mit au point un catalogue tridimensionnel composé de son, de lumière et d'artefacts, exposant les différentes manières dont le monde est mesuré, chronométré, pesé, dénombré. Les huit cents objets exposés furent tous prêtés par les musées ruraux et industriels du sud du Pays de Galles. Il y avait des poids, des instruments de mesure, des règles, des balances, des cartes, des plans, des chartes, des outils et des jeux. Ils étaient exposés, selon mon point de vue, en tant qu'objets déjà existants et non pas objets inventés et reproduits dans le but d'être livrés à l'œil de la caméra. Ils avaient tous une histoire, une provenance et on les avait placés, – parfois en nombreux exemplaires, comme un recueil de référence contenant des objets à utiliser dans un scénario dramatique et hypothétique non encore rédigé, par exemple dans un film qui aurait pu s'appeler SOME ORGANISING PRINCIPLES.

Les objets étaient éclairés avec éclat, grâce à un système de lumières changeantes qui les mettaient en valeur. Ce, afin d'en finir avec ce préjugé de neutralité qu'imposent les musées, qui ne donne souvent qu'une vision fade et stérile à ce qu'ils exposent.

Les réactions enthousiastes du public marquèrent une fois encore la rupture avec les volontés éducatives communes à tant d'expositions. Le public était amusé de pouvoir s'identifier de façon souvent intime aux objets familiers qui prenaient une signification inattendue en étant exposés dans une vitrine. Ce public se réjouissait d'être partie prenante de cette fête de la lumière qui était souvent sensibilisée par leur présence.

SITE 23. THE NORTH STAIRCASE OF THE AGRIPPA TERRACE

The terrace commemorates Agrippa d'Aubigne, French poet, writer and Huguenot leader who was instrumental in getting Henry IV to sign the Edict of Nantes in 1598, granting toleration to Protestants. He was subsequently exiled from France for writing an indiscreet history. As a Protestant hero, he eventually settled in Geneva.

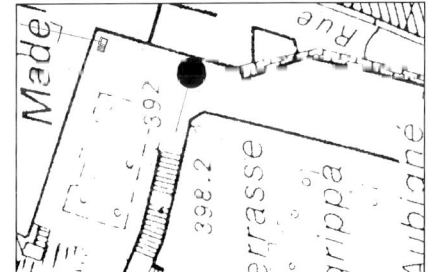

SITE 23. L'ESCALIER NORD DE LA TERRASSE AGRIPPA

La terrasse est un hommage à Agrippa d'Aubigné, poète et ècrivain français, chef de file huguenot, qui a contribué à faire signer l'Edit de Nantes à Henri IV, en 1598, garantissant ainsi la sécurité aux protestants. Chassé de France pour avoir écrit une histoire indiscrète, il s'est installé à Genève.

In the second Welsh exhibition at Cardiff, one hundred large, coloured portrait-photographs of film-extras dressed in 17th-century historical costume for the film THE BABY OF MÂCON were exhibited, each one in association with its own seven seconds of sound-track from the film. The photograph of a historical character is patently going to involve degrees of fakery – it is impossible to film history, the characters are probably wearing contemporary underwear under their pseudo-authentic costumes, and there were no cameras in the 17th century. But such demands for a suspension of belief are endemic and essential every time a viewer enters a cinema, whatever the nature of the film projected. Besides, in a sense, all films are about history, a history that is cut and dried, with its own built-in past, illusory present and so called future, (though that future is fixed and already in the past – a viewer by watching in real time just has to catch up with it).

Dans la deuxième exposition galloise, à Cardiff, étaient exposés cent portraits en couleur de figurants habillés en costumes du XVIIème siècle, pour le film LE BÉBÉ DE MÂCON, chacun d'entre eux étant accompagné de sa propre bande son issue du film lui-même. La photographie d'un personnage historique est – en tout état de cause – une duperie. Il est impossible de filmer l'Histoire : les personnages portent des sous-vêtements actuels sous leurs pseudo-costumes et il n'y avait pas de caméra au XVIIème siècle. Mais ce besoin d'y croire est général et essentiel dès que l'on entre dans un cinéma, quelque que soit la nature du film en projection. Dans un sens, tous les films parlent de l'histoire, d'une histoire toute faite, avec un passé implicite, un présent illusoire, et un soi-disant avenir, même si cet avenir est fixé d'avance et appartient déjà au passé. Il suffit au spectateur de le rattraper.

SITE 24. THE COURTYARD OF THE MAISON MALLET

Now follow four sites viewable from the courtyard of the Maison Mallet. The first two are modest – especially the simple set of backdoor steps. Although the court is apparently shut off from the town, it is possible here to view two of Geneva's main spectacles, the spire and the fountain.

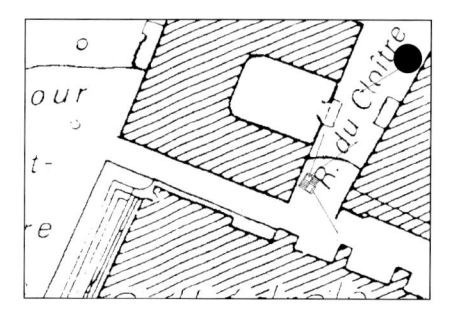

SITE 24. LA COUR DE LA MAISON MALLET

Viennent ensuite quatre sites visibles de la cour de la Maison Mallet. Les deux premiers sont modestes, surtout le groupe des marches de l'entrée arrière. Bien qu'elle semble comme coupée de la ville, la cour permet de voir deux des attractions principales de Genève: sa flèche et son jet d'eau.

24

A grandmother to sixteen grand-daughters who all took her name

Une grand-mère dont les seize petites filles portent toutes son nom

Archbishop with poor hearing who relied on his eyesight to comprehend the play

Archevêque dur d'oreille qui ne compte que sur sa vue pour comprendre la pièce

A nun whose piety was excessive in the presence of men

Une nonne à la piété excessive en présence d'hommes

An orphan sensitive to the possibility of ill treatment

Orpheline sensible à d'éventuels mauvais traitements

SITE 25. THE GRATING IN THE MAISON MALLET COURTYARD

This is a framed detail chosen for its smallness – the smallest observed item of the one hundred sites – and chosen, too, perhaps with a small perversity, since it represents, in dotted outline, a mitre, symbol of Roman Catholic hierarchy at one time so feared and despised in this Calvinist city.

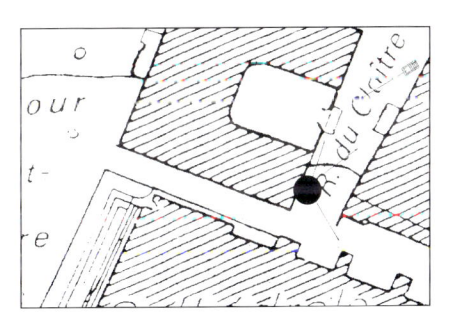

SITE 25. LA GRILLE DE LA COUR DE LA MAISON MALLET

Voici un cadrage de détail choisi pour sa petite taille : le plus petit objet observé des cent sites est peut-être aussi choisi avec une certaine perversité, car il représente, en pointillé, une mitre, symbole de la hiérarchie catholique romaine jadis tant crainte et méprisée dans la Cité de Calvin.

25

A draper's daughter keen to travel to the New World

La fille d'un marchand de draps désireuse de découvrir le nouveau monde

Choir-usher attracted to the theatre by loose women

Placeur d'église attiré par le théâtre par les femmes de mauvaise vie

Theatre candlemaster

Préposé aux bougies dans un théâtre

Cardinal victualler celebrating his 39th birthday

Fournisseur des cardinaux fêtant son 39ème anniversaire

SITE 26. THE LAKE FOUNTAIN FROM THE MAISON MALLET COURTYARD

Neatly composed within its own architectural building frame is the fountain in the lake, some two kilometres distant, a gesture of some freedom seen from this enclosed courtyard, though it could be an enigmatic framing on those days when – through ill wind or low temperature – the fountain is shut down.

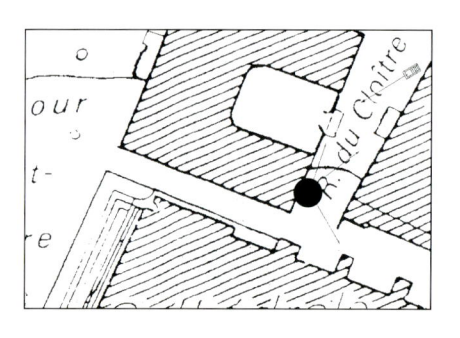

SITE 26. LE JET D'EAU DEPUIS LA COUR DE LA MAISON MALLET

Bien disposé dans son cadre de bâtiments, on aperçoit le jet d'eau à quelque deux mètres, que l'on ressent comme un signe de liberté, vu de cette cour fermée. Ce cadrage risque fort d'être énigmatique les jours où – à cause du vent ou du froid – le jet d'eau fait défaut.

26

With no equivalent in the narrative demands of the film, each character-portrait-photograph in this Cardiff exhibition also had a text – often descriptive, sometimes banal, sometimes terse to the point of irony – to offer the gentlest of criticisms that in a dominant literary culture we feel at a loss to address an image unless it has a caption, a commentary or an explanatory text. And for those whose viewing habits continued to demand an idea of plot, story or narrative, a lighting strategy was devised to suggest a chronology of viewing . Those visitors who had their own confident plan of visual appreciation – infinitely preferable – could ignore this device and journey around the exhibition at their own pace.

The interchange of authenticity, fakery, suspension of disbelief, questionable representation, and the private and public time-frame could never be argued as cogently in dramatic narrative cinema terms – yet the lighting and the setting and the aural association had all been extracted from a cinematic scenario. Some aspects of cinematic language had been nicely broken open for examination.

Toutes les photo-portraits des personnages de l'exposition de Cardiff étaient accompagnées d'un texte, sans commune mesure avec les besoins narratifs d'un film, le plus souvent descriptif, parfois banal, parfois si concis qu'il touchait à l'ironie, afin de favoriser certaines critiques qui, dans une culture à forte prédominance littéraire, nous semblent difficiles à formuler sur une image dépourvue de légende, de commentaire ou de note explicative. Pour ceux qui, par habitude, ne pouvaient pas se passer d'un fil conducteur, ou d'une histoire, une stratégie d'éclairage avait été mise au point pour suggérer un ordre chronologique de visite. Les visiteurs qui souhaitaient une approche visuelle personnelle, ô combien préférable, pouvaient très bien ne pas tenir compte de ce procédé et aller et venir dans l'exposition à leur propre rythme.

L'alternance d'authenticité, de supercherie, de "besoin d'y croire", de représentation discutable ainsi que le cadre temporel privé et public ne pourraient jamais être exprimés avec autant de puissance dans les termes traditionnels du cinéma narratif. L'éclairage, le décor et l'accompagnement sonore sortaient pourtant tout droit d'un scénario cinématographique. Certains aspects du langage cinématographique avaient été mis en exergue afin d'être examinés.

SITE 27. THE CATHEDRAL SPIRE FROM THE MAISON MALLET COURTYARD

This is a vertical frame to trap a vertical feature. The 1898 copper-covered green spire of the cathedral of St Peter continues a line of steeples variously destroyed by age, worm, wind and fire. Completed in 1898, but imitating architecture of a much earlier age, it stands 72 metres high.

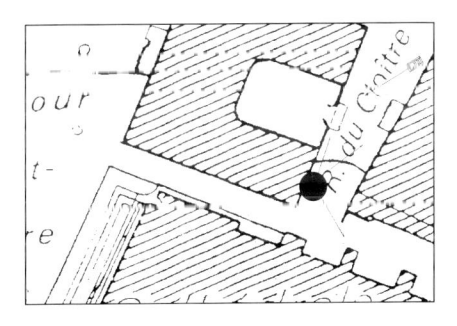

SITE 27. LA FLÈCHE DE LA CATHÉDRALE DEPUIS LA COUR DE LA MAISON MALLET

Cadrage vertical pour saisir une structure verticale. La flèche verte de la cathédrale Saint-Pierre, qui a été recouverte de cuivre en 1898, prolonge une lignée de clochers victimes du temps et du feu. Achevée en 1898, elle imite une architecture beaucoup plus anciennes. Elle a 72 mètres de hauteur.

From these exhibitions – all of them enjoyed by a large public – I could find an audience that was not subjected to a sedentary and very largely passive role, sitting in one place in the dark looking at the illusions created of a three-dimensional world by another's subjectivity on to a flat screen. Here was an opportunity to make an audience walk and move, be sociable in a way never dreamed of by the rigours of cinema-watching, in circumstances where many differing perspectives could be brought to bear on a series of phenomena associated with the topics under consideration. Yet all the time it was a subjective creation under the auspices of light and sound, dealing with a large slice of the cinema's vocabulary.

Grâce à ces expositions – fréquentées par un large public – j'ai découvert un nouveau public dont le rôle n'était plus sédentaire et passif, contrairement à celui assis sur un siège dans une salle noire qui regarde les illusions créées à partir d'un monde en trois dimensions, nées de la subjectivité d'un tiers et projetées sur un écran plat. J'avais ici l'occasion de faire déplacer le public, de favoriser des échanges impensables au cinéma, et dans des conditions où l'on pouvait présenter sous différentes perspectives un ensemble de phénomènes liés au cinéma. Ces expositions demeurèrent néanmoins des créations subjectives placées sous les signes du son et de la lumière et traitant surtout du vocabulaire cinématographique.

SITE 28. THE FRONT PORCH OF THE CATHEDRAL

A bold full-frontal composition of the classical columns of the Cathedral Porch built in the 18th century to replace a rotten and crumbling Gothic façade. Apologists for the porch, soon criticized for its stylistic mixture, curiously excused its classical novelty by favourable comparison with the town-houses of the cathedral precincts.

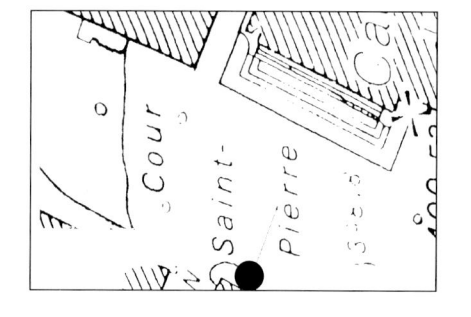

SITE 28. LE PORTIQUE DE LA CATHÉDRALE

Il s'agit d'une composition frontale hardie des colonnes classiques du portique de la cathédrale construit au XVIIIème siècle pour remplacer une façade gothique croûlante. Critiqué pour son mélange de styles, sa nouveauté stylistique fut cependant curieusement louée par ses admirateurs à la faveur d'une comparaison positive avec les bâtiments alentour.

The Physical Self – *Installation with gloves*
The Physical Self – *Installation avec gants*

SITE 29. THE STATUE OF JEROME

The next three framings suggest three ecclesiastical tenses. The first – far in the Past – offers a symbol of the ancient Church, kept alive by scholarship and prayer. At night Jerome is illuminated with a red light to suggest the drama of desert abstinence and the colour of his cardinal's cloak.

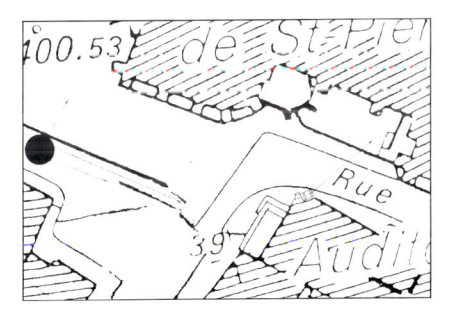

SITE 29. LA STATUE DE JÉRÔME

Les trois cadrages suivants évoquent trois périodes religieuses. La première, qui remonte loin dans le temps, montre un symbole de l'église primitive qui a survécu grâce à l'étude et à la prière. La nuit, Jérôme est éclairé en rouge pour évoquer mieux l'abstinence dans le désert et la pourpre cardinalice.

29

The Pantheon after dark from The Belly of an Architect

Le Panthéon la nuit tombée dans Le Ventre de l'Architecte

The Capitoline Identification from The Belly of an Architect

Contrôle d'identité sur la Colline du Capitol dans Le Ventre de l'Architecte

SITE 30. PROFILE VIEW OF THE FRONT PORCH OF THE CATHEDRAL

The second framing is a profile view of the massive columns of the 18th-century Protestant church porch. An anarchist's bomb exploded here two days before Christmas in 1902. The blast was heard eight kilometres away but the only damage was to the key and the lock of the porch door.

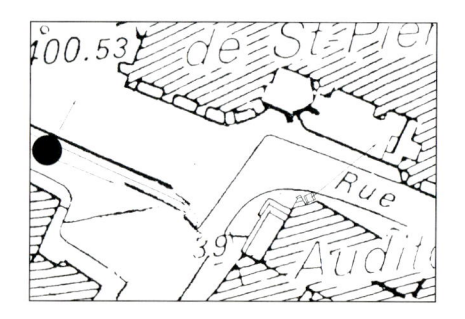

SITE 30. VUE DE PROFIL DU PORTIQUE DE LA CATHÉDRALE

Le deuxiéme cadrage est une vue de profil des colonnes du porche de cette église protestante du XVIIIème siècle. En 1902, la bombe d'un anarchiste y a explosé deux jours avant Nöel. L'explosion s'est entendue à plus de 8 kilomètres, mais seules la clé et la serrure ont été endommagées.

3. THE BELLY OF AN ARCHITECT

THE STAIRS as a project of exhibitions began its life with the making of a film, THE BELLY OF AN ARCHITECT, in Rome in 1986.

The film was a consideration of the domestic and professional responsibilities of an architect. Since many of the film's themes were autobiographical, perhaps the film could well have been called 'The Belly of a Film-Maker'.

The film narrated the last nine months in the life of a fictional contemporary American architect dying of stomach cancer. Appropriate to its protagonist's occupation, the film was structured on a seven-part outline history of the architecture of Rome. Because classical visionary architecture was the architectural subject, it seemed there was no better place to locate the film than in Rome, the oldest surviving city of the West that has seen a continuous history of architectural invention.

The film dealt with marital discord and betrayal, with illness and mortality, the vexed relations between Americans and Europeans, and the political implications of totalitarian architecture. Its dominant metaphor was gravity, and one of its two historical heroes was Isaac Newton; the other was Etienne-Louis Boullée, visionary draughtsman of grand Neoclassical monuments that defied manufacture.

But the film's overriding theme was reproduction – mechanical, artistic and human. As Devil's advocate, it begged to ask the question, was a form of immortality at all possible through art and man-made creation?

3. LE VENTRE DE L'ARCHITECTE

THE STAIRS en tant que projet d'exposition a debuté lors de la réalisation du film LE VENTRE DE L'ARCHITECTE, à Rome en 1986.

Le film traitait des responsabilités personnelles et professionnelles d'un architecte. Étant donné que les thèmes du film étaient autobiographiques, il aurait pu s'appeler tout aussi bien LE VENTRE D'UN CINÉASTE.

Le film racontait les neuf derniers mois de la vie d'un architecte américain contemporain en train de mourir d'un cancer de l'estomac. Selon l'emploi du temps de l'architecte, le film était construit en sept parties, symboles de l'histoire architecturale de Rome. L'architecture visionnaire classique étant le sujet principal, il parut évident de tourner le film à Rome, la plus ancienne des villes occidentales à avoir engendré et renouvelé l'histoire de l'architecture.

Le film traitait du désaccord entre époux, de la trahison, de la maladie, de la mort, des relations contrariées entre américains et européens et des implications politiques liées à l'architecture totalitaire. Sa métaphore principale était la loi de la gravité et l'un de ses deux héros était Isaac Newton ; l'autre était Etienne-Louis Boullée, dessinateur visionnaire de grandioses monuments néo-classiques.

Mais le thème essentiel du film était la reproduction, à la fois mécanique, artistique ou humaine. Il se faisait l'avocat du diable en articulant la question suivante : "L'immortalité est-elle possible grâce à l'art et aux créations humaines" ?

The Architect at the Photo-copying Machine in The Belly of an Architect

L'Architecte devant la Photocopieuse dans Le Ventre de l'Architecte

The Architect with the Next Generation in The Belly of an Architect

L'Architecte avec la Génération à venir dans Le Ventre de l'Architecte

---

SITE 31. THE DOORWAY OF THE CALVIN AUDITORIUM

The third ecclesiastical framing suggests a third historical stage of the Church's development at a 90° angle again to the last viewpoint; it is the door of the Calvin Auditorium – an opening to a reformed Church. It may be a case of where the eyes go, the feet will follow.

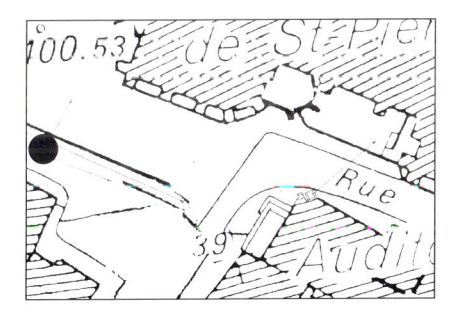

SITE 31. LA PORTE D'ENTRÉE DE L'AUDITOIRE CALVIN

Voici le troisième cadrage à thème religieux évoque un troisième stade historique du développement de l'église, avec un angle de 90° par rapport au dernier point de vue. C'est la porte de l'Auditoire Calvin, qui donne accès à une église réformée. Les pieds suivront là où porte le regard.

31

The Architect reviews his life in The Belly of an Architect

L'Architecte passe sa vie en revue dans Le Ventre de l'Architecte

Boullée's drawings for an ideal city in The Belly of an Architect

Esquisses d'une cité ideale par Etienne-Louis Boullée dans Le Ventre de l'Architecte

Despite putting forward evidence of man's ability occasionally to create possible items of lasting value – like the buildings of Rome – the immortality question was asked with some desperation and certainly much vanity. It could surely only be answered with an equivocal response, for the architect commits suicide to avoid a painful and only too mortal demise, but also to make way for his child – whose birth-cries end the film – the child who is perhaps his successor in the creation stakes but certainly his natural successor in the Darwinian stakes.

The American architect has travelled from Chicago to Rome to pay a homage to his uncomfortable hero, Boullée, by honouring him with an exhibition. Boullée is an almost apocryphal architect, some time founder of contemporary fascist architecture, Speer's favourite architect, certainly a maker of the grand architectural gesture commandeering space with uncompromising largesse.

The film itself deliberately tries to make a large embrace – not of a fictional architectural space, but a real existing space, Rome, a city of consequence, where the architecture is used and palpable. Where history is real, not prefabricated.

The film was to be eminently self-reflexive. Since the film's contents involved a debate about the responsibilities of architects and architecture, the film's formal strategy was an architectural system rigorously applied along the lines of the disciplines of classical architecture.

Tout en démontrant le pouvoir de l'homme à réaliser parfois des créations durables, telles que les monuments de Rome, cette question de l'immortalité n'en était pas moins posée d'une façon désespérée et vaniteuse. On ne pouvait à coup sûr qu'y apporter une réponse équivoque, et l'architecte se suicide afin d'éviter un abandon douloureux et une inévitable déchéance, mais aussi pour faire place à son enfant dont on entend les premiers cris à la fin du film. Cet enfant est peut-être le successeur spirituel de son œuvre, mais il est avant tout son successeur naturel au sens darwinien du terme.

L'architecte américain a fait le voyage de Chicago à Rome pour rendre hommage à son encombrant héros, Boullée, en lui dédiant une exposition. Boullée est un architecte quasi apocryphe, qui fut à une époque le fondateur de l'architecture fasciste contemporaine. Il était l'architecte préféré de Speer et certainement un bâtisseur d'une forme grandiose d'architecture qui maîtrisait l'espace avec une générosité sans compromis.

Le film lui-même tente délibérément de prendre place non pas dans un espace architectural fictif, mais dans un espace réel, à savoir Rome, une ville de première importance où l'architecture est quotidiennement utilisée et palpable, où l'histoire est réelle et non préfabriquée.

Le film est éminemment une réflexion sur lui-même. Il discute les responsabilités de l'architecte et de l'architecture. En conséquence, le film est formellement construit suivant un système architectural basé sur les fondements de l'architecture classique.

SITE 32. THE BASE OF THE SOUTH TOWER OF THE CATHEDRAL

After such large significant architectural gestures, this is a modest framed viewpoint of an almost clandestine architectural event – the back staircase of the tower, used perhaps for unassuming exits and entrances, for secret visits indeed. It is a cool place in summer in the dark shadow of the stout buttresses.

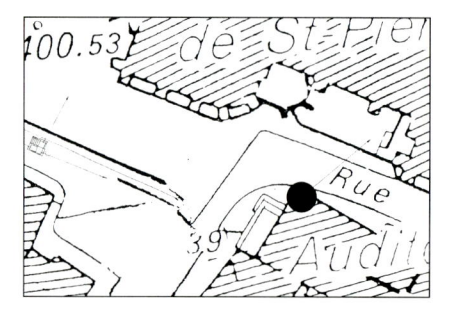

SITE 32. LA BASE DE LA TOUR SUD DE LA CATHÉDRALE

Après des gestes architecturaux, voici le modeste cadrage d'un objet presque clandestin : l'escalier qui se trouve tout à l'arrière de la tour. Il était peut-être destiné jadis à des entrées et à des sorties discrètes pour des visites secrètes. En été, on apprécie sa fraîcheur à l'ombre des contreforts.

But the film's narrative structure and its core was "the putting-on of an exhibition".

I had – without initially realising the connection – travelled along this route before. In 1978 there had been a modest film, A WALK THROUGH H, which ostensibly invented a contemporary picture gallery where 92 paintings, hanging around the walls, were an introduction to a forty-minute journey from this life into the next. It transpired that all the drawings were maps – some obvious, some not so obvious – whose position on the gallery wall was integral to their understanding. No journey, and therefore no film, was possible without the drawings. The drawings were the film, and their organization in the gallery exhibition was crucial to their comprehension. No exhibition, no comprehension.

Mais le fond de l'histoire est la "mise en scène d'une exposition".

Sans en saisir tout d'abord le lien, je m'étais déjà hasardé sur cette piste. En 1978, il y a eu un petit film A WALK THROUGH H qui mettait ostensiblement en scène une galerie d'art contemporain dans laquelle 92 peintures exposées sur les murs servaient d'introduction à un voyage de 40 minutes, conduisant de cette vie à la prochaine. Il s'avérait que toutes les peintures étaient, d'une manière plus ou moins nette, des cartes que l'on ne pouvait comprendre que grâce à leur répartition dans la galerie. Aucun voyage - et par conséquent aucun film - n'était possible sans ces dessins. A eux seuls, ils constituaient le film et leur disposition dans la galerie était indispensable à leur compréhension. Sans exposition, il n'y avait pas de compréhension possible.

A map from A Walk Through H – *The Right Road Lost*

Une carte de A Walk Through H – *La Bonne Route perdue*

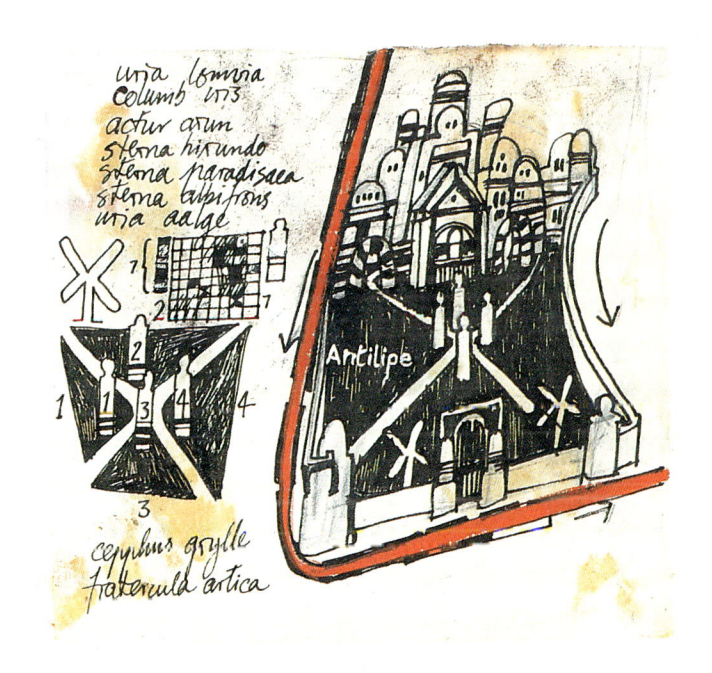

A map from A Walk Through H – *Between Cities*

Une carte de A Walk Through H – *Entre les Villes*

SITE 33. CANNON IN THE ARCHIVE OFFICES

A framing chosen first for its interior-exterior aspect, and secondly for its great age as a location for commerce, and thirdly for its martial footnotes. This site has been the location of a Roman market, after that a medieval granary, an 18th-century arsenal and a 20th-century archive of Genevan history.

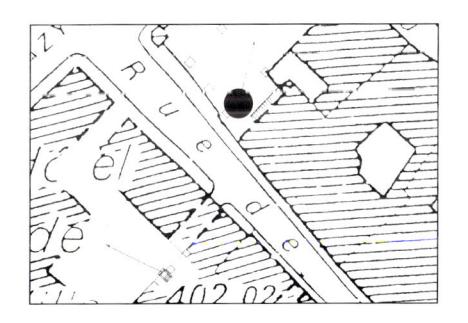

SITE 33. LES CANONS DES ARCHIVES

Ce cadrage a été choisi pour son aspect intérieur/extérieur, son ancienne tradition de lieu commercial et enfin pour sa connotation martiale. Ce site a servi de marché romain, d'entrepôt à grain au Moyen Age, d'arsenal au XVIIIème siècle et a abrité les archives historiques de Genève au XXème siècle.

33

Peeping-Tom from The Belly of an Architect

Un Judas dans Le Ventre de l'Architecte

Every film-space itself is a framed peephole for us, the voyeurs of the audience, to be witness to other people's privacy, secrets, joys, miseries, embarrassments. It is voyeuristic because, in the very nature of cinema, the players on the screen are deemed to be ignorant of the fact that they are being watched by us. It is a perversely ironic state of affairs of course that this is not the whole truth, for cinema requires actors who know – and indeed it is the most essential part of their contract, to know – that they will be watched. They are paid to assume the innocence that their activities are not being watched. In THE BELLY OF AN ARCHITECT this is exemplified by a deliberate act of voyeurism on behalf of the architect and on behalf of a child, who both watch an act of adultery through a keyhole – that most ubiquitous of voyeuristic frames.

The desire to investigate – inside and outside of a cinematic context – what this act of voyeuristic framing and 'looking through a frame' means spawned a desire to find another way to consider it – in the very apparatus that the architect of the film uses, the exhibition.

Chaque espace cinematographique est un trou de serrure pour nous, public voyeur et témoin de la vie privée, des secrets, des bonheurs et des malheurs d'autrui. Nous sommes voyeurs dans la mesure où, par la nature même du cinéma, les acteurs sur l'écran sont censés ignorer qu'on les regarde. Ironiquement et naturellement il n'en est rien, car le cinéma fait appel à des acteurs qui savent – c'est d'ailleurs l'essentiel de leur contrat qu'on les regardera. On les paie pour faire comme si personne ne les regardait. Dans LE VENTRE DE L'ARCHITECTE, ceci est démontré par un acte délibéré de voyeurisme de la part de l'architecte et d'un enfant qui regardent ensemble une scène d'adultère par le trou d'une serrure, l'image la plus répandue du voyeurisme.

Le désir d'explorer – à l'intérieur et à l'extérieur du contexte cinématographique – le sens de ce cadrage voyeur a fait naître en moi le souhait de trouver une autre façon de l'appréhender, dans la structure même utilisée dans le film par l'architecte : l'exposition.

SITE 34. THE HORSE STAIRCASE IN THE TOWN-HALL

In subject, this frame has been chosen for its contemporary curiosity as a staircase for horses, and selected formally for the excitement made possible by lighting it at night from within. This ramp once permitted state officials to go quickly and directly to assemblies by sedan chair or on horseback.

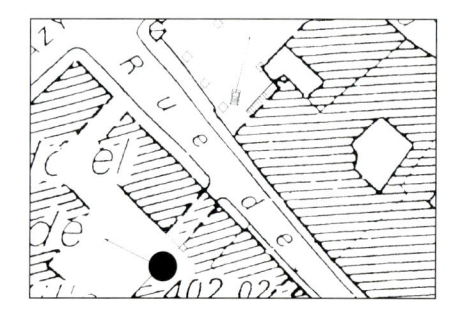

SITE 34. L'ESCALIER DE CHEVAUX DE L'HÔTEL DE VILLE

Ce cadrage a été choisi pour son sujet, cet escalier pour chevaux attisant toujours la curiosité, mais on l'a aussi retenu en pensant qu'il serait intéressant, la nuit, de l'éclairer de l'intérieur. Cette rampe permettait aux officiels de se rendre directement aux réunions en chaise à porteurs ou à cheval.

34

The ambitions of THE BELLY OF AN ARCHITECT – both as conceived and as practised – were very considerable, and the questions asked and further intimated were, certainly for me, large and important.

Without seeking an especial legitimacy to compare the manufacture of cinema with the manufacture of architecture, it is certain that there are considerable similarities in terms of construction, finance, politics, social use, aesthetic criteria and long-term significance. If architecture is considered to be the mother of all arts, some might say that cinema now shares that position – its very manufacture calls on the combined talents of so many different cultural practitioners and, in a successful synthesis, it is a house and shelter for so many more.

If a comparison can be made between the making of a film and the building of a building, then both might, in a way, also be compared, perhaps more modestly, to the making of an exhibition.

With thoughts of making films and making exhibitions, the excitements, strategies, motifs and arguments of THE BELLY OF AN ARCHITECT made me eager to make reappraisals, to enter the same exploratory area again, to resurrect the issues with greater fascination and much further expansion.

I planned to make another investigation into these concerns with a new film called THE STAIRS.

Les ambitions du film LE VENTRE DE L'ARCHITECTE - en théorie comme en pratique - étaient considérables, et les questions qu'il soulevait ou qu'il esquissait simplement me parurent de la plus haute importance.

Sans chercher une justification légitime pour comparer la réalisation cinématographique et la réalisation architecturale, il est certain qu'elles partagent de nombreuses similitudes en termes de construction, de financement, de politique, d'utilisation sociale, de critères esthétiques ainsi que dans leur importance à long terme. Si l'architecture est tenue comme mère de tous les arts, d'aucuns considèrent que le cinéma tient aussi aujourd'hui cette place. Sa construction même fait appel aux talents réunis de nombreux connaisseurs de tout ordre, et si la synthèse est réussie, elle devient elle-même source de création ultérieure.

Si l'on peut comparer la réalisation d'un film et la construction d'un bâtiment, on pourrait d'une certaine manière les comparer aussi, plus modestement, à la réalisation d'une exposition.

Avec l'idée de faire des films et des expositions, les joies, les stratégies, les motifs et les arguments contenus dans LE VENTRE DE L'ARCHITECTE m'ont donné l'envie de reconsidérer certaines choses, d'explorer à nouveau certains domaines, de soulever à nouveau certaines questions avec une fascination accrue et en les développant davantage.

J'entrepris donc de me repencher sur ces préoccupations avec un nouveau film intitulé THE STAIRS.

The Boullée Exhibition from The Belly of an Architect

L'exposition Boullée dans Le Ventre de l'Architecte

The Architect stands on the map of Rome from The Belly of an Architect

L'Architecte debout sur la carte de Rome dans Le Ventre de l'Architecte

---

SITE 35. THE SUNDIAL WALL OVERLOOKING THE SALÈVE

After the complications of framing architecture on the diagonal, and the eccentricities of low angles, this is a simple framing of a flat wall with four features - a sundial, two commemorative plaques and a very small, ominous barricaded window. Each feature is a precise rectilinear frame in its own right.

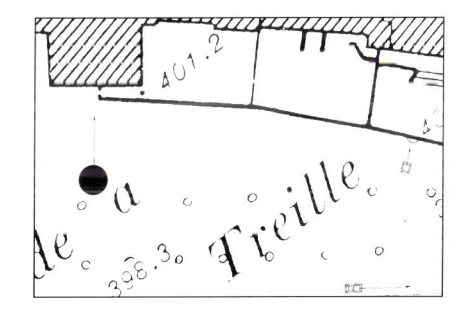

SITE 35. LE MUR DU CADRAN SOLAIRE ORIENTÉ VERS LE SALÈVE

Après les difficiles cadrages d'architecture en diagonale et les excentricités des gros plans, voici le cadrage vraiment tout simple d'un mur plat sur lequel on distingue quatre éléments : un cadran solaire, deux plaques commémoratives et une sinistre petite fenêtre obturée inquiétante – chaque élément constituant une image rectiligne en soi.

The Apotheosis of Saint Ignatius *by Andrea Pozzo, Sant'Ignazio, Rome*

L'apothéose de saint Ignace *par Andréa Pozzo, église de Saint Ignace, Rome*

Photo Archivi Alinari

SITE 36. THE CHILDREN'S LION FOUNTAIN

This is a modest viewpoint of a framing at child's eye-level. It is a frame of a drinking fountain with a lion's head spouting water into a stone basin. The fountain is erected on the oldest promenade of the city, formerly a vineyard. The wine has been exchanged for water.

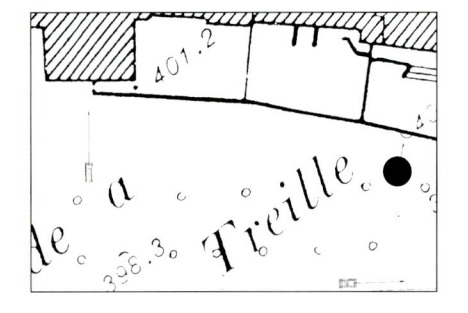

SITE 36. LA "FONTAINE AU LION" DES ENFANTS

C'est une petite image, cadrée à la hauteur d'un regard d'enfant, d'une belle fontaine avec une tête de lion crachant de l'eau dans une cuvette. Elle se situe sur la plus ancienne promenade de la ville où se trouvait anciennement une vigne. Le vin a été remplacé par de l'eau.

36

4. THE STAIRS AS A FILM

Like THE BELLY OF AN ARCHITECT, this new film, THE STAIRS, was again to take place in Rome, but this time it was to be more naked in its self-identification.

It was to concern a painter fascinated by the Seventeenth Century, who is persuaded to take on a commission for a film, a grandiose Italian Costume Drama, and specifically to make a ceiling painting, a *Resurrection*, based on 17th-century drawings of a destroyed epic work by Andrea Pozzo, a companion piece to Pozzo's *Apotheosis of St Ignatius* in the Church of Sant'Ignazio in Rome.

This painting was to be a crowd-scene in the air, containing some eight named characters and eight hundred flying extras. It was an escapist religious picture, in subject and in metaphor, projected on to a high ceiling whose visibility was poor at the best of times, and whose sight-lines demanded a cricked neck.

The painting sought to make comment on the conundrum of pastiche and the deceit of trompe l'œil – and on the special pretence of the painted surface, especially within the criterion of the Baroque, which can be used as a metaphor for the cinema itself – a phenomenon of total spectacle employing every means possible, but especially light, to fabricate illusion and make propaganda for an Act of Faith and for the suspension of disbelief – essential both for the Church and the Cinema.

How could we believe both locally that such a crowd of figures could fly into heaven through the roof of a Roman church, and how could we believe, more universally, in the concept of Resurrection? And how could we accept that Cinema tries to attempt this sort of miracle every time the projector light is switched on?

4. L'ESCALIER EN TANT QUE FILM

Tout comme LE VENTRE DE L'ARCHITECTE, le tournage du nouveau film THE STAIRS était prévu à Rome, mais cette fois il s'agissait d'être plus dépouillé dans son identité.

Ce film raconte la fascination d'un peintre pour le XVIIème siècle, à qui on commande la réalisation d'une fresque, la Résurrection, devant servir de décor pour un film italien, à grand spectacle, et en costumes d'époque. Cette œuvre s'inspirait d'esquisses du XVIIème siècle provenant de fragments d'une œuvre du genre épique d'Andréa Pozzo, apparentée à l'*Apothéose de saint Ignace* que ce dernier réalisa dans l'Eglise de Saint Ignace à Rome

Le sujet de l'œuvre représentait une foule dans les airs, comprenant en particulier huit personnages principaux, entourés de huit cents "figurants volants". C'était une image religieuse d'évasion, tant par son thème que par sa valeur métaphorique, réalisée sur un haut plafond à peine visible même en plein jour, et qui vous faisait attraper le torticolis.

Cette peinture cherchait à attirer l'attention sur l'énigme du pastiche, et sur la supercherie du trompe-l'œil, spécialement ceux de style baroque, le tout utilisé comme métaphore du cinéma lui-même. C'était une sorte de spectacle complet réunissant tous les moyens possibles et en particulier la lumière, pour créer l'illusion et prêcher un acte de Foi et un "besoin de croire" essentiels à l'Église comme au Cinéma.

Comment croire à la fois, qu'une telle foule puisse s'envoler par le toit d'une église romane, et plus universellement au concept de la Résurrection? Comment admettre que le Cinéma cherche à recréer cette sorte de miracle chaque fois que le projecteur se met en route ?

SITE 37. VIEW OVER THE SALÈVE

From the small and the modest to a wide panoramic view of the Salève across the border into France. This framed view is subject to great visibility changes; the view – often disappearing entirely in winter fog and cloud – can be reduced to a rectangle of total blackness on moonless nights.

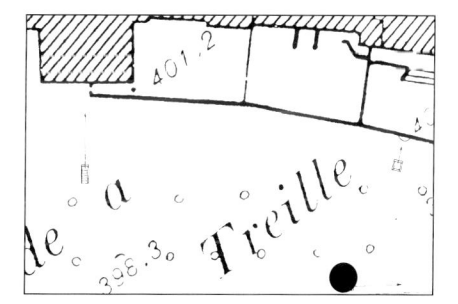

SITE 37. VUE VERS LE SALÈVE

D'un point de vue sans prétention passons à un large panorama sur le Salève au-delà de la frontière française. La visibilité peut changer énormément dans ce paysage ; l'image – souvent noyée dans le brouillard ou les nuages en hiver – peut se réduire à un rectangle noir les nuits sans lune.

Palace Staircase *by Philips Wouwermans*

La Musée d'art et d'histoire, Genève

Escalier de palais *par Philips Wouwermans*

SITE 38. THE FRONTAGE OF THE EYNARD PALACE

A pictorial composition of urban and urbane classicism. This is the atrium of the Palace built for the banker Eynard in the Grecian Revival style of the 1820s. Such private largesse inevitably became institutional, for the building became a museum and then an annexe for the display of Natural History.

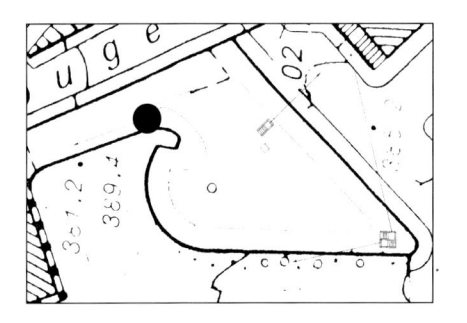

SITE 38. LA FAÇADE DU PALAIS EYNARD

Une composition d'un classicisme urbain et bienséant. Il s'agit de l'atrium de ce palais construit par le banquier Eynard en style néo-grec de 1820. Une telle prodigalité personnelle fut forcément récupérée par les instutitions, car le bâtiment devint ensuite un musée, puis une annexe pour les collections d'Histoire Naturelle.

38

If this particular cinematic megalomania was insufficient, the film was also to reconstruct an apocryphal work of music, Monteverdi's *Marriage of Aeneas*, with a cast of twelve singers, eighty chorus and a thousand walk-on, run-on, fly-on parts. With horses. And elephants.

There was to be no cheating. The whole Pozzo painting and the entire Monteverdi opera had to be reconstructed. Formally they both represented the exact centres of their respective biblical and mythological cycles: the *Resurrection of Christ* could be thought of as the pivot-point of the faith and history of Judaism and Christianity, and the *Marriage of Aeneas* was to be considered as the pivot-point of Greek and Roman history and legend.

Despite this historical largesse, the drama was firmly rooted in the 20th century, and was to concern all those film actors and extras chosen to impersonate the many parts of the painting as models, and all those singers and figurants who were to enact the opera. Their existence was to be predicated on this reconstruction of a lost painting and a lost musical work, both representatives of huge mythological cycles. And as actors and extras they were also of course to be professionally involved in the business of re-creation, pastiche and all the deceits of representation.

Very rapidly, the nature of conventional film-making itself – being a useful and effective medium capable of handling these subject matters – was in question.

Outre cette mégalomanie cinématographique, il fallait en plus que le film reconstitue une œuvre musicale apocryphe *Le mariage d'Enée* de Monteverdi, employant pour ce faire douze chanteurs, quatre-vingts choristes, mille figurants chargés de marcher, courir ou s'envoler, sans oublier ni les chevaux ni les éléphants.

Il ne devait y avoir aucune tricherie. L'œuvre de Pozzo et l'opéra de Monteverdi devaient être reconstitués dans leur intégralité. Formellement ces deux œuvres sont chacunes l'axe central de leur cycle mythologique et biblique respectifs : *La Résurrection du Christ* pouvait être considérée comme le pivot de la Foi, de l'histoire du judaïsme et de la chrétienté alors que le *Mariage d'Enée* représentait lui le pivot de l'histoire et des légendes gréco-romaines.

En dépit de cette utilisation de l'histoire, la trame était solidement ancrée dans le XXème siècle. Elle impliquait des acteurs de cinéma et des figurants choisis pour personnifier les multiples rôles illustrés sur la peinture, ainsi que tous les chanteurs et figurants censés faire revivre l'opéra. Leur existence devait avoir comme prédicat la reconstitution d'une peinture détruite et celle d'une œuvre musicale perdue, chacune représentant des cycles mythologiques immenses. De plus, en tant qu'acteurs et figurants ils étaient bien sûr professionnellement impliqués dans la re-création, les pastiches et toutes les supercheries de la représentation.

Bien vite, la nature même du cinéma conventionnel, celui qui est un moyen utile, efficace et capable de traiter de ces sujets fut remise en question.

SITE 39. THE PARC DES BASTIONS WALL OF THE ATHÉNÉE PALACE

The banker Eynard also financed the building of the Athénée Palace to encourage Genevan craftsmen. The framing is chosen to concentrate on three portrait busts of Genevan worthies set in circular niches high in the wall facing the Parc des Bastions – three small circles set symmetrically in a long-sided rectangle.

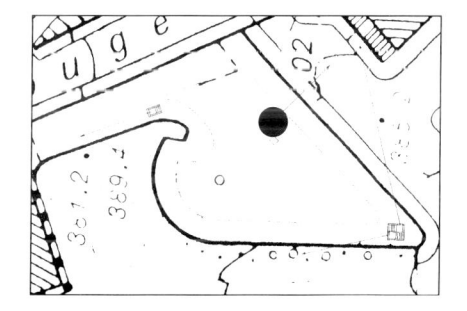

SITE 39. LA FAÇADE DU PALAIS DE L'ATHÉNÉE DONNANT SUR LE MUR DU PARC DES BASTIONS

Le banquier Eynard finança également la construction du palais de l'Athénée pour encourager l'artisanat genevois. Le cadrage est centré sur les trois bustes de notables genevois placés dans des niches circulaires en haut du mur faisant face au parc des Bastions – trois petits cercles disposés symétriquement dans un long rectangle.

Hadrian's villa from The Belly of an Architect

La villa d'Hadrien dans Le Ventre de l'Architecte

The film required something much larger and more complex than a two-hour movie circumscribed by the orthodox ways in which cinema is conceived. It seemed to require a three-screen, twenty-four-hour film satisfactorily to hold the ideas together in the manner I had envisaged. An impossibility. Who would finance such a film? How could it be distributed? Who would distribute it? Who would want to watch it? And besides, for all the reasons mentioned above, the inadequacy of the medium to convey the film's multiplicity of sensation and contemplation would have undersold the ambition.

These impossibilities had in some senses been anticipated in THE BELLY OF AN ARCHITECT, where the prospect of combining an architectural history of Rome, a dissertation on Boullée and a contemporary drama of vanity and ambition were fitted into one single-screen two-hour space. But that film also suggested a solution. Do what the architect did. Make an exhibition of the various events and ideas – a three-dimensional and 'live' manifestation which could evoke all the human senses (and not just the two prompted by cinema) and could respond to a demand for materiality, for multiple viewpoints, for the desire to place the material in the hands of the viewer and not the director, and could make some sense of the long-term time-problems. Better still, make ten exhibitions where each exhibition could enlarge on one particular aspect of the problem. The approach could be likened to the perusal of a few sentences torn from ten voluminous chapters of a large book.

The film of THE STAIRS was unmakeable, but guided by a few clues, a few references and a few incentives, the imagination was more than capable of doing the rest.

Le film exigeait quelque chose de plus grand et de plus complexe que deux heures d'images asservies aux pratiques qui régissent le cinéma traditionnel. Trois écrans et un film d'une durée de 24 heures semblaient nécessaires pour rassembler de façon satisfaisante les idées telles que je les avais imaginées. C'était impossible. Qui financerait un tel film ? Comment le distribuer et qui accepterait de faire cette distribution ? Qui aurait même envie de le voir ? De plus, pour toutes les raisons susmentionnées, les limites du cinéma traditionnel, dans l'expression de la multiplicité des sensations et des modes de contemplation, en aurait trahi les ambitions.

Ces impasses avaient déjà été pressenties dans LE VENTRE DE L'ARCHITECTE. Pour ce film, l'ambition de réunir une histoire de l'architecture de Rome, une dissertation sur l'architecte Boullée et un drame contemporain sur la vanité et l'ambition dut se limiter à un seul écran et à deux heures de temps. Mais ce film suggérait toutefois une solution : faire ce qu'avait fait l'architecte. Faire une exposition à partir des idées et des événements, une performance en trois dimensions qui puisse évoquer l'ensemble des sens de l'homme (et non pas deux seulement comme au cinéma), tout en répondant au besoin de matérialité, au moyen de multiples points de vue, ainsi qu'au désir de placer le réel dans les mains du spectateur et non dans celles du metteur en scène ; cet ensemble pouvait apporter un sens à long terme aux problèmes de la durée. Mieux encore, faire dix expositions dont chacune développerait un aspect particulier du problème. Cette approche peut s'apparenter à la lecture de quelques phrases prises au hasard de dix volumineux chapitres d'un immense livre.

Le film THE STAIRS était irréalisable, mais guidée par quelques indices, quelques références, quelques encouragements, l'imagination était plus que capable de faire le reste.

SITE 40. THE ATHÉNÉE PALACE STAIRCASE

A framing of the staircase that leads from the lower city to the upper, alongside the wall of the Athénée Palace. The celebrities that built and financed this building and who supported its activities – Eynard, Lulin, Saussure, Dunant, Dufour – return again and again in association with many of the sites.

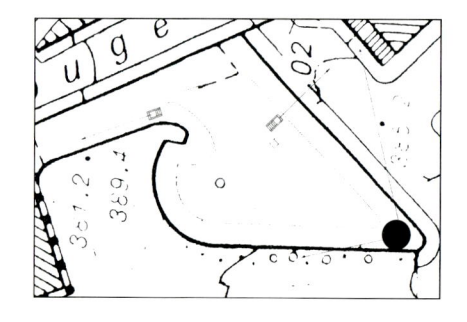

SITE 40. L'ESCALIER DU PALAIS DE L'ATHÉNÉE

C'est un cadrage de l'escalier qui mène de la ville basse à la ville haute en longeant le mur de l'Athénée. Les hommes célèbres qui construisirent et financèrent cet édifice et qui soutinrent ses activités – Eynard, Lulin, de Saussure, Dunant, Dufour – se retrouvent sans cesse associés à de nombreux sites.

In repeatedly watching the film THE BELLY OF AN ARCHITECT, I had become aware that, for me, there were some five or more areas of particular fascination that pointed to significant general cinema-language characteristics. These areas seemed necessary to cinema, but cinema was perhaps curiously always equivocal and incomplete in its response. These same concerns surfaced in the writing of the film-script for THE STAIRS. They were: Location, Audience, The Frame, The Acting Archetype, and Properties.

A force de regarder le film LE VENTRE DE L'ARCHITECTE, j'avais pris conscience qu'au moins cinq éléments s'imposaient à moi comme caractéristiques et signifiants du langage cinématographique. Ces éléments semblaient nécessaires au cinéma, mais celui-ci ne leur rendait justice que de manière équivoque et incomplète. C'était visible aussi dans l'écriture du script de THE STAIRS. Ces éléments étaient le Lieu ou le Cadrage, le Public, le Cadre, le Jeu d'acteur et les Accessoires.

The Interior of the Victor Emanuel Building from The Belly of an Architect

L'intérieur du bâtiment Victor-Emmanuel dans Le Ventre de l'Architecte

SITE 41. THE PARK STAIRCASE OF THE PALAIS EYNARD

A frame to remind us of the responsibilities of the soldiers defending the wall at this side of the city. Yet to look at the distant staircase is perhaps to be reminded now of a traditional children's tale – a fictional staircase leading innocently from a prince's palace into lush gardens.

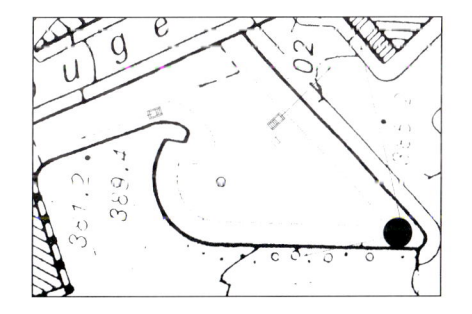

SITE 41. L'ESCALIER DU PARC DU PALAIS EYNARD

Cadrage qui nous rappelle les responsabilités des soldats défendant le mur de ce côte de la ville. Pourtant, regarder cet escalier au loin, c'est peut-être nous rappeler un conte de fée pour enfants – un escalier imaginaire conduisant en toute innocence du palais d'un prince à un jardin des délices.

41

LOCATION.

How can a location be chosen and how can it possibly be verified? How much of a found location is re-invented for a film?

Rome was the location of THE BELLY OF AN ARCHITECT - seven significant architectural sites from the Colosseum to the EUR building. Yet who's Rome was it? The film is about three outsiders – Kracklite, the fictional architect, Boullée, the homaged hero, and Greenaway, the subjective film-maker. Romans said that they recognised Rome in this film, but that they also did not recognise it. How did the camera make it the same and make it different? How could a camera do any location justice when its time concentration was so miniscule? Was this impertinence justified on any account? I decided it was not. And especially not in Rome. Any film's subjectivity makes a curious nonsense of a two thousand year old city. Location in cinema is temporary, fleeting and ephemeral. And unsatisfactory. How can these disappointments be reversed?

LE CADRAGE.

Comment peut-on cadrer un lieu et peut-on être vraiment sûr de ce choix? Jusqu'à quel point ce lieu est-il ré-inventé pour un film?

Rome était le lieu du VENTRE DE L'ARCHITECTE – avec sept sites architecturaux significatifs, du Colisée au batiment de l'EUR. Mais la Rome de qui était-ce? Les trois protagonistes du film lui sont étrangers – Kracklite, l'architecte imaginaire, Boullée, le héros honoré, et Greenaway, le réalisateur subjectif. Les Romains ont dit qu'ils reconnaissaient Rome dans le film, mais aussi qu'ils ne la reconnaissaient pas. Comment la caméra était-elle à la fois fidèle et infidèle? Comment pouvait-elle rendre justice à un lieu dont elle ne saisissait qu'une infime partie dans le temps? Comment justifier pareil manque de pertinence? Je décidais que c'était impossible, et surtout injuste pour Rome. L'élément subjectif de tout film rend incohérente une ville qui a deux mille ans d'âge. Au cinéma, un lieu est inscrit dans le temps, fugitif et éphémère. Comment inverser ces frustrations?

The Architect chooses a nose from The Belly of an Architect

L'Architecte choisit un nez dans Le Ventre de l'Architecte

SITE 42. THE STAIRCASE IN THE RUE BÉMONT

A framing from a traffic island of a new staircase climbing the hill in a man-made chasm of stone, glass and concrete, that looks as though it ought to be a set for a modern opera of shopping and commerce and car-parking. There are twenty possible entrances for singing shoppers.

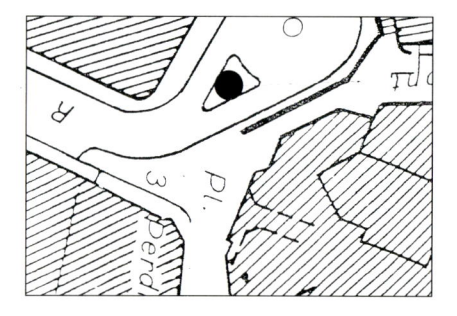

SITE 42. L'ESCALIER DE LA RUE BÉMONT

Un cadrage depuis le refuge pour piétons d'un nouvel escalier gravissant la colline parmi un chaos fait de main d'homme, pierre, verre, béton, que l'on dirait choisi pour le décor d'un opéra moderne parlant de boutiques, de commerce, de parking. Il y a vingt entrées possibles pour faire ses courses.

AUDIENCE.
There is a scene in the film THE BELLY OF AN ARCHITECT where a group of architectural connoisseurs make an audience to applaud the Pantheon. They draw up chairs in front of the Pantheon's atrium, look up at the façade of that mysterious building lit by the moonlight and they applaud. They clap heartily. Is the Pantheon a performance? Can architecture be a performance ? Can you legitimately applaud a street of buildings? Can you applaud an urban square, a flight of stairs, a statue in the shade of a tree, a group of trees, a city?

It has been said that the definition of a performance – any performance – would seem to be any event that is consciously witnessed by an audience. Although the audience is presumably human, the performance does not necessarily have to involve human participation. Such a definition as this, at the very least, seems to put the audience and the performance on equal footing, and, if anything, tips the scales in favour of the audience being

LE PUBLIC.
Il y a une scène dans LE VENTRE DE L'ARCHITECTE dans laquelle un groupe d'amateurs architectes fait applaudir des spectateurs devant le Panthéon. Ils rassemblent des chaises devant l'atrium du Panthéon, lèvent les yeux sur la façade du mystérieux bâtiment éclairé par le clair de lune et applaudissent. Ils applaudissent de tout leur cœur. Le Panthéon est-il un spectacle ? L'architecture peut-elle être un spectacle ? Est-il légitime d'applaudir une rue et ses bâtiments ? Peut-on applaudir une place, un escalier, une statue à l'ombre d'un arbre, un groupe d'arbres, une ville ?

La définition d'un spectacle en général est la suivante : tout événement auquel assiste un public de manière consciente. Bien que ce public soit composé d'êtres humains, le spectacle n'entraîne pas nécessairement une participation d'êtres humains. Une telle définition semble mettre le public et le spectacle au même niveau et fait même osciller la balance en faveur du public qui serait plus important que le spectacle. Quel que soit l'événement, de l'assassinat d'un

Audience – The Allegories *by Peter Greenaway*

Le Public – Les Allégories *de Peter Greenaway*

SITE 43. THE HOUSE OF THE BLIND

A paradoxical view of a house for the blind. A true case, perhaps, of a watcher watching with no fear of a return stare. How can the cinema be a medium for the blind? Who is going to invent long-distance Braille? Can the cinema ever have a sense of touch?

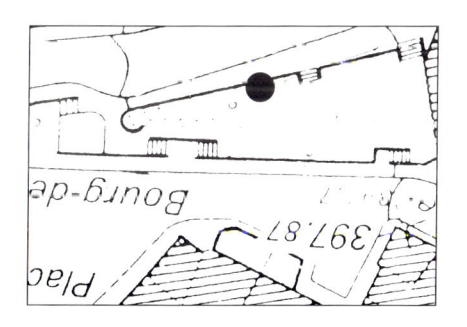

SITE 43. LA MAISON DES AVEUGLES

Une vue paradoxale d'une maison pour aveugles. C'est une situation certainement unique, où l'on peut regarder sans crainte d'être vu à son tour. Comment le cinéma peut-il trouver un moyen de s'adresser aux aveugles ? Qui inventera le braille à distance ? Le cinéma sera-t-il jamais capable de toucher ?

43

more important than the performance. To turn any event – from the assassination of dictators to frogs spawning, from sky-diving to leaves falling, from baby-watching to dust-blowing – indeed, architecture-watching – into a performance, all we need is an audience. The watching activity of the TV millions would seem to confirm this. And they are seated, making them, at least temporarily, captive. Being seated seems to be the necessary characteristic of every performance activity – opera, dance, music, sport, cinema, theatre. Thus a further definition of an audience could be any collection of seated spectators. Maybe events not witnessed by a seated audience are not only non-performances, but also non-events. Does an audience at the cinema have to be seated? Wouldn't they be better employed and better satisfied with a greater range of viewpoints, and a more ubiquitous spectacle that does not demand flat-plane, two-dimensional viewing?

dictateur à la reproduction des grenouilles, du saut d'un parachutiste à la chute des feuilles, du baby-sitting au dépoussiérage - et naturellement la contemplation de l'architecture. Il suffit simplement d'avoir un public afin de transformer cet événement en spectacle. La présence chaque jour de millions de gens devant leur poste de télévision semble bien le prouver. Ils restent assis et, captivés, même temporairement. Le fait d'être assis semble être la condition nécessaire à tout spectacle, qu'il s'agisse de l'opéra, de la danse, de la musique, du sport, du cinéma ou du théâtre. On pourrait donc ainsi définir le public comme un ensemble de spectateurs assis. Peut-être que les événements auxquels assistent des spectateurs qui ne sont pas assis ne sont non seulement pas des spectacles, mais aussi des non-événements. Faut-il que le public soit assis au cinéma ? Ne serait-il pas mieux employé et plus satisfait s'il disposait d'un champ de vue élargie et d'un spectacle se déroulant de toutes parts, autre que celui proposé sur une surface plane et à deux dimensions seulement ?

Audience – The Red Twins *by Peter Greenaway*

Le Public – Les Jumeaux Rouges *de Peter Greenaway*

SITE 44. THE STEPS OF THE BANKRUPTCY OFFICES

A selected framing of seven modest steps that front a building of an arm of the law – a set of steps for the dispossessed. The lower steps are a marked interruption of the cobbles of the pavement, taking up more than half the space for walking, forcibly advertising police intervention.

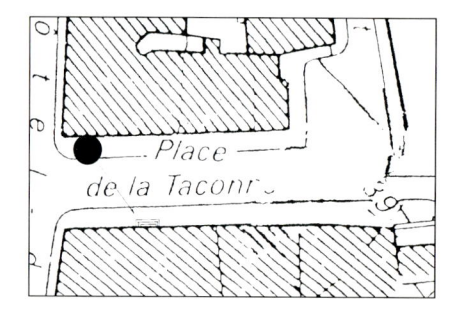

SITE 44. LES MARCHES DE L'OFFICE DES POURSUITES

Un petit cadrage de sept marches discrètes devant la maison d'un des bras de la loi – un groupe de marches pour ceux qui n'ont plus rien. Les marches d'en bas tranchent nettement avec les pavés du troittoir, réduisant de plus de moitié l'espace des piétons, symbolisant l'intervention de la police.

THE FRAME.
We view painting and the performance arts – very largely – through a framed rectangle. That rectangle has become stricter and more prohibitive – witness the fixed aspect-ratio of the television screen.

Why is this necessary? Why is it necessary to have a cinema that enslaves its subject and content and language within such a fiercely bordered rectangle? The desire to wish to adapt the frame to the subject viewed is constantly thwarted. In THE BELLY OF AN ARCHITECT the possibility of justly appreciating architectural propositions – the need to concentrate on a vertical axis and then on a horizontal axis, to make a small frame for a small object and a large frame for a large object – was constantly frustrated. The difficulties of framing architecture demanded a moveable frame-ratio. Would it be possible to eradicate this frame and what would be the strategy for doing so?

LE CADRE.
D'une manière générale, on découvre la peinture et les arts du spectacle à travers un cadre rectangulaire. Ce rectangle est devenu de plus en plus restreint. Prenez-en pour preuve le cadre figé de l'écran de télévision.

Quelle en est la nécessité ? Pourquoi faut-il que le cinéma enferme son sujet, son contenu et son langage dans les strictes limites d'un rectangle ? Le désir de vouloir adapter l'image au sujet observé est toujours contrarié. Dans LE VENTRE DE L'ARCHITECTE la possibilité d'apprécier à sa juste mesure les propos architecturaux, c'est à dire le besoin de se concentrer sur un axe vertical puis sur un axe horizontal afin de créer un petit cadre pour un petit objet et un grand cadre pour un grand objet étaient toujours frustrés. La difficulté de cadrer une image architecturale nécessite un cadrage variable. Serait-il possible de se passer de ce cadre et quelle stratégie devrait être utilisée dans ce cas ?

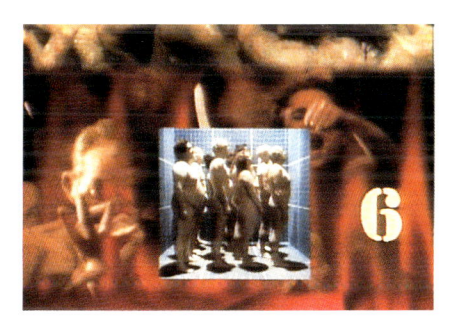

Number Six from A TV Dante

Nombre 6 dans A TV Dante

The Horseman from A TV Dante

Le Chevalier dans A TV Dante

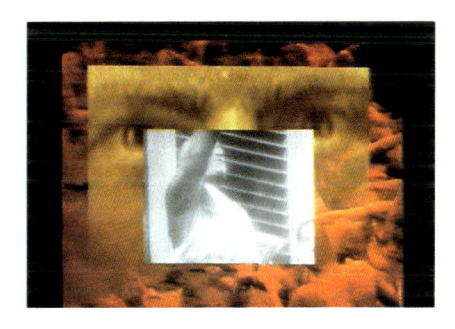

Mussolini's eyes from A TV Dante

Les yeux de Mussolini dans A TV Dante

SITE 45. THE WELL IN THE PARC

A jump in location to travel back through Geneva from another angle. This new journey starts with a curious proposition, because everybody will want to look down the well, but from this frame, that is impossible. Do you look down the well before or after viewing through the official eye-piece?

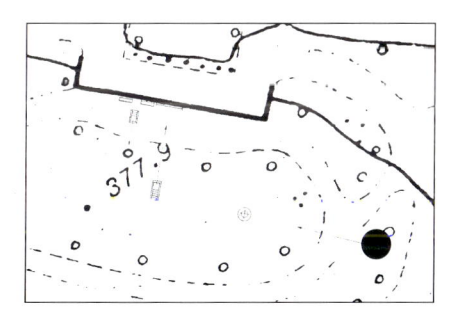

SITE 45. LE PUITS DANS LE PARC

Changeons de lieu pour regarder Genève sous un autre angle. Ce nouveau voyage commence avec une proposition étrange parce que tout le monde voudra regarder le fonds du puits, mais pour ce cadrage c'est impossible. Allez-vous regarder le fonds du puits avant ou après avoir utilisé le cadrage officiel ?

45

ACTING.

From a visual point of view, a thousand years of painting images have suggested that the employment and status of a character, and indeed, to a certain extent, his beliefs and expectations can be indicated by symbols, emblems, attributes and allegory. Allegory is no longer a viable method of communication – if it ever truly was, since it was often used to communicate clandestine messages – but a certain complexity of the human condition could be handled that way. This seems to be no longer possible. So often in a cinema predicament of identification, in a contemporary drama, when job-description and worldly status of a character are no longer clear, questions of employment and status are handled by words rather than by visual means. It can be argued, of course, that social conditions no longer make strong visual identity necessary – or even desirable – but it is to be suspected that, historically, strong visual identity may not have existed as robustly as the paintings suggest, but that the painter saw it as his responsibility to create a visual vocabulary of signs, symbols, emblems and archetypes to make his meanings clearer. Is that responsibility valid today in cinema?

It is maybe only to be seen as a technical exercise on one level – but how is a contemporary architect to be identified by visual means alone? And then further, how is a dissatisfied architect to be understood by visual symbols alone, and then further still, how do you visually recognise an architect suffering from stomach cancer? In THE BELLY OF AN ARCHITECT, the experience of the actor can indicate generalised malaise and localised pain, but an audience's visual vocabulary of recognisable and comprehensible symbols has largely atrophied. Because of the knowledge that words will supply the meanings, there is

LE JEU D'ACTEUR.

D'un point de vue visuel, mille ans de peinture nous laisse imaginer que l'usage et le statut d'un personnage et, d'une certaine façon, ses croyances et ses aspirations, peuvent être indiqués par des symboles, des emblèmes, des attributs et des allégories. L'allégorie n'est plus une méthode viable de communication – quand bien même elle le fut jamais, puisqu'elle servait le plus souvent à faire passer des messages clandestins – néanmoins, un certain aspect complexe de la condition humaine pouvait être traité de cette façon. Cela ne semble plus possible aujourd'hui. Très souvent, dans un drame contemporain, lorsque le cinéma se heurte à des difficultés d'identification, quand la description de l'usage ou du statut social d'un personnage reste obscure, ces questions d'usage et de statut sont traitées grâce à la parole plutôt que par des moyens visuels. On admettra que les conditions sociales ne nécessitent plus une forte identification visuelle, mais on peut imaginer qu'historiquement une importante identification visuelle n'ai pas existé aussi fortement que les peintures le suggèrent. Le peintre se sentait peut-être responsable de créer un vocabulaire visuel de signes, de symboles, d'emblèmes et d'archétypes afin de clarifier ses intentions. Cette responsabilité est-elle aujourd'hui valable en cinéma ?

Cela ne peut être perçu qu'en tant qu'exercice technique à un seul niveau. Mais comment peut-on identifier un architecte contemporain par des moyens visuels uniquement ? Et si l'on va plus loin encore, comment peut-on percevoir un architecte mécontent par le seul biais de symboles visuels, ou encore, comment reconnaître visuellement un architecte qui a un cancer de l'estomac ? Dans LE VENTRE DE L'ARCHITECTE, l'attitude de l'acteur peut indiquer un malaise généralisé et une douleur localisée, mais le

SITE 46. THE GROTTO IN THE PARC

A rectangular framing of a half circle. A romantic ornamental fountain, heavily rustic, but one time practical. Until the end of the 16th century, the upper town so far from the lake did not have easy access to water save from wells, a lifeline in case of fire or drought.

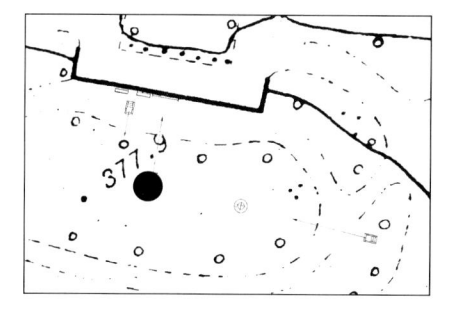

SITE 46. LA GROTTE DU PARC

Cadrage rectangulaire d'un demi-cercle. Une romantique fontaine décorative, bien rustique, qui fut jadis pratique. Jusqu'à la fin du XVIème siècle, la partie haute de la ville, éloignée du lac, n'avait accès à l'eau que par ses puits, seul moyen de survie en cas d'incendies ou de sécheresse.

little attempt on behalf of the actor or the film-director to communicate meanings of identity by image construction.

Is a vocabulary of archetypes still valuable today and does the cinema perpetuate such a vocabulary? Every time a character is constructed out of the material of a script and the experience of the actor, I am convinced an archetype is still referred to. Are there only a definitive number of dramatic archetypes, and who are they, and if they work as archetypes is there any necessity to strive to dress them with anecdote and detail simply to seek novelty and intimacy?

vocabulaire visuel de symboles reconnaissables et compréhensibles par le public s'est grandement appauvri. Sachant qu'il est plus facile de s'exprimer par la parole, les acteurs et les réalisateurs ne cherchent presque plus à exprimer une identité par le biais de l'image.

Le vocabulaire des archétypes est-il toujours précieux aujourd'hui et le cinéma perpétue-t-il un tel vocabulaire ? Chaque fois que l'on construit un personnage à partir des données d'un scenario et de l'expérience même de l'acteur, je suis convaincu qu'on se réfère à une idée fixe. Y a t'il un nombre défini d'archétypes dramatiques ? Lesquels sont-ils ? Et s'ils tiennent lieu d'archétypes, doit-on s'évertuer à les agrémenter d'anecdotes et de détails dans le seul but de rechercher la nouveauté et l'intimité ?

Alba in bed from A Zed and Two Noughts

Alba au lit dans Z.O.O.

The Architect looks at his pregnant wife in The Belly of an Architect

L'Architecte regarde sa femme enceinte dans Le Ventre de l'Architecte

SITE 47. TREE-ROOTS IN THE PARC

Isolated from its surroundings this rectangle of detail loses scale – it could be very small or indeed very large. It might well escape the attention and quietly change. In 100 days of the exhibition it may grow more lichen, more moss; grow greener with each rainfall, browner with a drought.

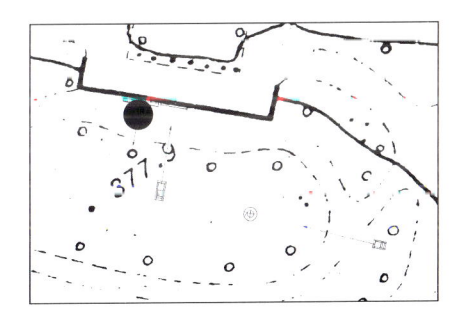

SITE 47. RACINES D'ARBRES DANS LE PARC

Isolé dans son contexte, ce rectangle cadrant un détail n'a plus d'échelle : il pourrait être très petit ou très grand, échappant à l'attention, changer. Pendant les 100 jours de l'exposition, il peut se couvrir de lichen, de mousse, devenir plus vert à chaque pluie, plus brun s'il fait sec.

47

Isaac Newton on the £1 note from The Belly of an Architect

Isaac Newton sur le billet d'une livre anglaise dans Le Ventre de l'Architecte

The English £1 note from The Belly of an Architect

Le billet d'une livre anglaise dans Le Ventre de l'Architecte

PROPERTIES.
In THE BELLY OF AN ARCHITECT a great deal was invested in the property of an English One Pound Note. (The English architect's architect, Sir Christopher Wren, appeared on the five times more valuable £5 note). Now no longer valid currency, the English £1 note at the time that the film was made, in 1986, was a rectangle of green paper, light enough to be blown away in the wind, heavy enough in the film to assume great significance. It undoubtedly represents money, and by inference the exchange-mechanism that turns art, exhibition and architecture into reality but, in Rome, certainly in the context of the film, it is the item of graft and bribery, coercion and persuasion that in many instances fuels the drama. It is foreign money, carrying alchemical notions of transference and conversion before it can be made valuable, and providing certain evidence of foreigners and foreignness. The note carries the image of Sir Isaac Newton, discoverer of gravity.

"A man who discovered gravity and thus successfully secured our feet on the ground is a good companion. In fixing us to the earth, he enabled us – with equanimity – to permit our heads to remain in the clouds."

Gravity is the method of death chosen by the architect in a spectacular suicidal drop from a high window to avoid the pain and humiliation of a cancerous death. The English bank-note is green – the architect's feared colour and emblem of his Roman enemies. With orange filters in the camera, the green and blue of the natural world in this film was purposefully reduced to emphasize the environment of a man-made city. The architect introduces his own nine-month decline into death by ominously flourishing the green note at the start of

ACCESSOIRES.
Dans LE VENTRE DE L'ARCHITECTE, on a beaucoup misé, comme accessoire, sur un billet d'une livre anglaise ("l'architecte de l'architecte" anglais, Sir Christopher Wren, apparaissait sur le billet de cinq livres d'une valeur cinq fois plus élevée). Ce billet d'une livre, qui n'a plus cours aujourd'hui, était en 1986, à l'époque du film, un rectangle de papier vert assez léger pour s'envoler dans le vent, assez imposant dans le film pour prendre une grande importance. Il représente sans nul doute l'argent et par déduction, le mécanisme d'échange qui régit l'art, les expositions et l'architecture, mais à Rome, en tout cas dans le contexte du film, il se réfère à la ruse, à la corruption, à la force et à la persuasion qui, à beaucoup d'égard, renforcent l'histoire. C'est de l'argent étranger qui renvoie aux notions alchimiques de transfert et de conversion par lesquels il doit passer pour être utilisé. Il met aussi en évidence la présence d'étrangers. D'autre part le billet porte l'image de Sir Isaac Newton, le découvreur de la gravité.

"Un homme qui découvrit la gravité et nous a ainsi bien fixé les pieds sur terre est un bon compagnon. En nous fixant sur la terre, il nous a permis – avec sérénité – de garder la tête dans les nuages".

La gravité est le moyen choisi par l'architecte pour se donner la mort, il fait un saut spectaculaire d'une haute fenêtre afin d'éviter l'humiliation et la douleur de l'agonie cancéreuse. Le billet de banque anglais est vert, c'est la couleur maudite de l'architecte et l'emblème de ses ennemis romains. A l'aide de filtres oranges insérés dans la caméra, le vert et le bleu du monde naturel dans ce film étaient délibérément réduits afin de mettre l'accent sur un environnement urbain construit par l'homme. L'architecte entame ses neuf mois de descente vers la mort en brandissant de

SITE 48. THE REMEMBRANCE STATUE

A framing of a white statue of a naked female called "Le Souvenir" presented to Geneva in 1920 by French prisoners of the Great War. Behind her whiteness is a dark yew bush, manicured into a regular rounded shape. Vegetation and stone incongruously compliment one another – and both are man-fashioned.

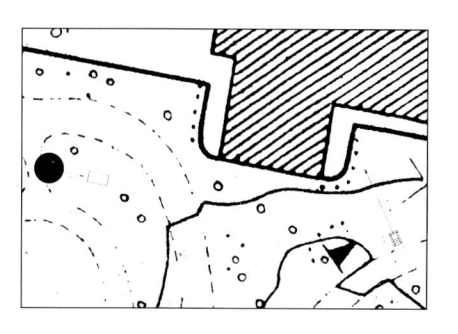

SITE 48. LA STATUE DU "SOUVENIR"

Cadrage d'une superbe statue de femme nue appelée "Le souvenir", offerte à Genève en 1920 par des prisonniers français de la Grande Guerre. Derrière sa blancheur se détache un beau buisson de buis sombre, taillé en boule régulière, alliance incongrue de végétation et de pierre, toutes deux façonnées de main d'homme.

his demise, and it is the last thing he touches – blowing out of the grasp of his dead fingers as his body lies smashed across his enemy's green car.

Here is an inanimate ephemeral property asked to function in many complicated ways, carefully searched for by the camera as a counterweight to all the dominant images of the human contingent, and carrying the circumstances of their drama symbolically.

Even a casual perusal of a dozen films will demonstrate that the inanimate object – a gun, a handkerchief, a letter, a car – is essential for the drama to operate. How can the drama be invested in an inanimate object? And is there not a central pool of properties that keep reappearing, and how are they chosen, presented and used, and is this related to the same range of properties used in two thousand years of theatre, and five thousand years of still-life painting?

manière inquiétante le billet vert. C'est, de plus, la dernière chose qu'il touche, et que sa main sans vie lâche alors qu'il gît écrasé sur le capot de la voiture verte de son ennemi.

Voici un accessoire inanimé et éphémère auquel on demande de fonctionner de manière complexe, soigneusement filmé par la caméra pour faire contrepoids aux images dominantes du contingent humain et véhiculant symboliquement les circonstances de leur drame.

Un coup d'œil rapide à de nombreux films pourra démontrer qu'un seul objet inanimé - une arme, un mouchoir, une lettre, une voiture - est essentiel pour raconter le récit. Comment cet objet inanimé peut-il contenir en lui le drame même ? Et ne peut-on pas recenser une liste d'accessoires qui reviennent toujours ? Comment sont-ils choisis, présentés, utilisés ? Ceux-ci sont-ils liés à la même gamme d'accessoires utilisés durant 2000 ans de théâtre et 5000 ans de peinture ?

The dead Architect from The Belly of an Architect

L'Architecte mort dans Le Ventre de l'Architecte

The Last Grasp of the Architect from The Belly of an Architect

Le Dernier Sursaut de l'Architecte dans Le Ventre de l'Architecte

SITE 49. THE TERRACE AT THE BACK OF THE UNIVERSITY LIBRARY

This is a carefully framed view of an empty space. The possible location for an illicit meeting. It is not easy to approach the terrace from the park, and there are no legitimate entrances from the building itself except through a window. Unauthorised persons on this terrace must be suspect.

SITE 49. LA TERRASSE DERRIÈRE LA BIBLIOTHÈQUE UNIVERSITAIRE

C'est une vue soigneusement cadrée d'un espace vide. Lieu possible d'un rendez-vous clandestin. Il n'y a pas d'accès à cette terrasse depuis le parc et aucune entrée n'est possible depuis le bâtiment lui-même, sauf en passant par une fenêtre. Toute présence illicite sur cette terrasse peut sembler suspecte.

49

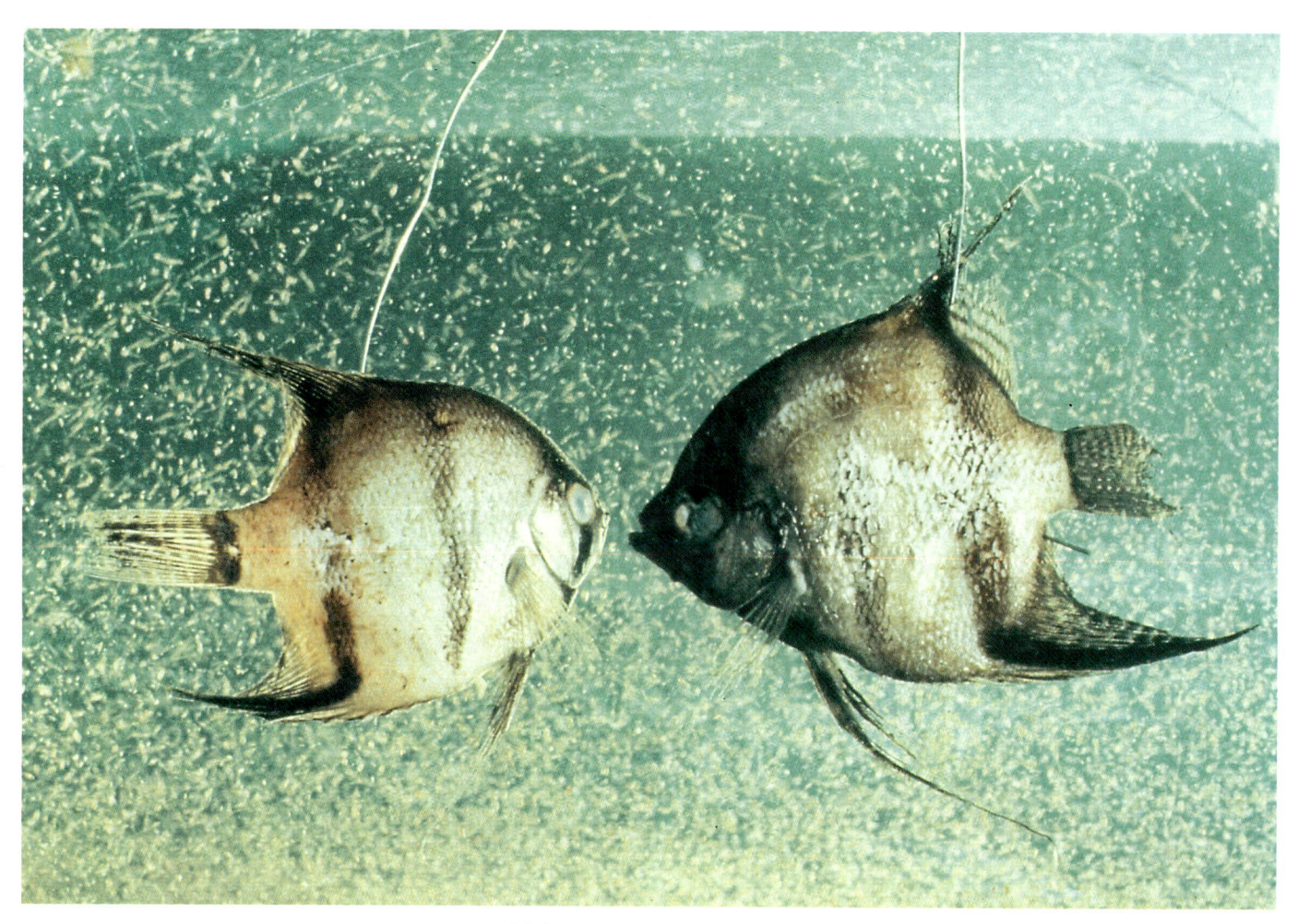

Twin fish from A Zed and Two Noughts

Poissons jumeaux dans Z.O.O.

SITE 50. THE BUST OF CARTERET OUTSIDE THE UNIVERSITY

A very strict symmetrical architectural viewpoint fronted by a bust. Comparison in scale is significant, and the bust's irregular silhouette is a contrast against the geometrical features of the University's façade. The bust is of Antoine Carteret, State Councillor in charge of public education throughout the 1870s and 1880s.

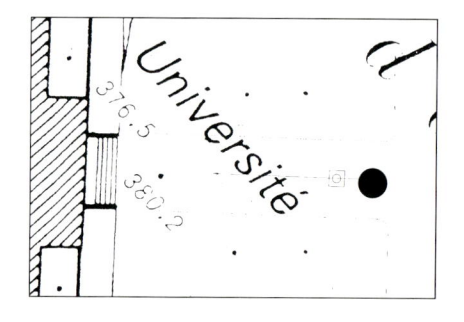

SITE 50. LE BUSTE DE CARTERET DEVANT L'UNIVERSITÉ

Une belle perspective d'une stricte symétrie avec un buste placé devant. Le rapport de taille est parlant, et la silhouette irrégulière du buste forme un contraste avec les lignes géométriques de l'Université. Il s'agit du buste d'Antoine Carteret, Conseiller d'Etat chargé de l'éducation publique dans les années 1870 et 1880.

50

The Construction of the Tower of Babel by Pieter Breugel   *Musée d'art et d'histoire, Genève*

La Construction de la Tour de Babel *par Pieter Breugel*

SITE 51. TWO ALIGNED BUSTS IN THE PARC DES BASTIONS

An alignment of two portrait-busts fixed into the composition like near and far sightings of a rifle. How curious is a sculptured bust – no body, no arms, a defenceless target. The foremost bust is of Gustave Moynier, co-founder of the Red Cross, who well understood the dis-arming power of rifle-fire.

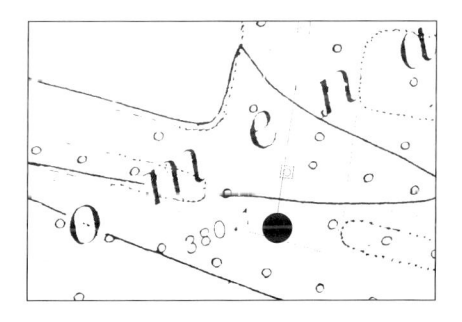

SITE 51 DEUX BUSTES ALIGNÉS DANS LA PROMENADE DES BASTIONS

Deux bustes alignés de près et de loin comme à travers le viseur d'un fusil. Un buste sculpté est une chose curieuse : ni corps, ni bras, cible sans défense. Le premier représente Gustave Moynier, co-fondateur de la Croix-Rouge qui a compris le pouvoir dés-armant de la mitraille.

51

The Agony in the Garden by Andrea Mantegna

National Gallery, London

L'Agonie du Christ dans le Jardin des Oliviers
d'Andréa Mantegna

SITE 52. DAVID AND GOLIATH IN THE PARC DES BASTIONS

This is a framing that seeks out an extravagant detail of a decapitated head – a gruesome relic to be discovered in a public park – yet biblical mythology gives it permission to be here. It is made acceptable by the almost unbelievable story of a small child who slew a monster.

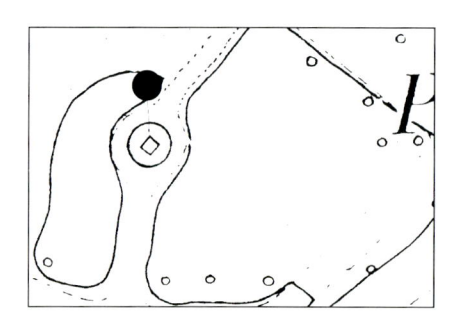

SITE 52. DAVID ET GOLIATH DANS LE PARC DES BASTIONS

C'est un cadrage qui s'attache à un détail extravagant d'une tête décapitée – une relique macabre que l'on pourrait découvrir dans un parc public. La mythologie biblique justifie néanmoins sa présence ici et elle est rendue acceptable grâce à l'histoire très peu vraisemblable d'un petit enfant qui a abattu un monstre.

52

5. THE STAIRS AS AN IMAGE

The complex issues, the narrative anecdotes, and the formulas and strategies of this hypothetical film were to take place on a staircase, which is a suitable enough metaphor for ascent and descent, rise and fall, growth and aspiration, Heaven and Hell. The film was to be a compendium of stair-ness. And not ignoring the English possibilities of a significant pun in a project that pursued very open-eyed visual awareness, the film was to be called THE STAIRS.

Although the issues of cinematic language had arisen from particular narrative circumstances, for the purposes of the ten exhibitions of THE STAIRS that were now to be held in ten different cities over a period of ten years, the narrative material would largely have to be abstracted. Nonetheless strong trace elements of the anecdotal nature of the original dramatic presentation would remain. Foremost amongst them would certainly be the motif of the stairs itself.

Most of the action of the proposed film, involving a wedding, a funeral, a battle fought on horseback, a flood, a fire, rape, slaughter, triumph, was to take place on a grand staircase, and whatever else each separate exhibition dealt with, and in whatever manner, it was a necessity that the motif of the staircase should always be strong.

Initially – in the film – this staircase was to be a Baroque staircase modelled on the now defunct Ripetta Steps in Rome that joined the River Tiber to the via di Ripetta, one of the straight highways that start at the Piazza del Popolo. The foot of the staircase would be in water and its head would be in the clouds, more particularly it would be topped by a replica of a triumphal arch, like the Arch

5. THE STAIRS EN TANT QU'IMAGE

Les implications multiples, les anecdotes narratives, les formules et les strategies de ce film hypothétique devaient avoir lieu sur un escalier, métaphore adéquate du mouvement ascendant et descendant, de l'ascension et de la chute, de la croissance et de l'ambition, du Ciel et de l'Enfer. Le film devait être une image symbolique de l'escalier. En raison du jeu de mots possible en anglais avec "stare" (regarder fixement) pour ce projet qui sollicitait une grande attention visuelle, le film devait s'appeler THE STAIRS (Les escaliers).

Bien que les données du langage cinématographique soient issues d'éléments narratifs, dans la perspective de dix expositions dans dix villes différentes sur dix années, il fallait jouer sur l'abstraction du matériel narratif. Quelques éléments-clé anecdotiques de la première présentation dramatique resteraient. Et, en tout premier lieu, la symbolique même de l'escalier.

L'essentiel de l'action du film en question, comprenant un mariage, un enterrement, une bataille à cheval, une inondation, un incendie, un viol, un massacre, un triomphe, devait se dérouler sur un grand escalier. Au-delà du contenu et de la forme de chaque exposition, il était nécessaire que ce symbole de l'escalier garde tout sa force.

Initialement, dans le film, cet escalier devait être un escalier baroque reproduisant les anciens escaliers de la Ripetta à Rome, qui reliaient le Tibre à la via di Ripetta, l'une des rues menant tout droit à la Piazza del Popolo. Le bas de l'escalier serait dans l'eau et le haut confinerait dans les nuages, couronné par la réplique d'un arc de triomphe, comme celui de Septime Sévère au Forum. Je crois néanmoins que les escaliers Ripetta n'auraient pas été assez représentatifs – marches trop plates et pente trop faible – et l'idéal était une image

The Babel Staircase *by Peter Greenaway*

L'Escalier de Babel *par Peter Greenaway*

SITE 53. THE FOUR REFORMERS IN THE PARC DES BASTIONS

This for Geneva is a standard view, photographed by tourists. Who should despise a tourist point of view? A tourist point-of-view is chosen to be strong in image and metaphor. Here are the Four Gentlemen of the Apocalyptical Reformation, horseless it is true, but still formidable - Farel, Calvin, de Beze and Knox.

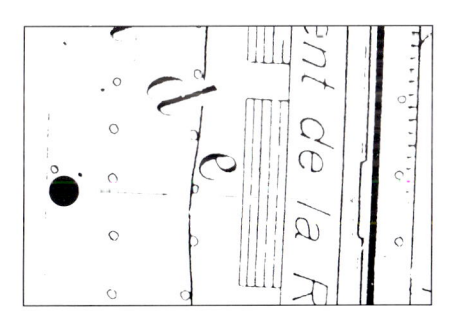

SITE 53. LES QUATRE RÉFORMATEURS DANS LE PARC DES BASTIONS

C'est une vue de Genève, telle que les touristes la photographient – et qui oserait contester le point de vue d'un touriste ? Il est choisi pour la force de son image et de sa métaphore. Voici les quatre chevaliers de la Réforme Apocalyptique - sans monture : Farel, Calvin, de Bèze et Knox.

of Septimius Severus from the Roman Forum. However, I suspect the Ripetta Steps would not have signified – being too shallow, and climbing too small an incline – and the real ideal was a fiction materialised in my memory from the two side-by-side staircases of the Capitoline Hill. First, the oldest and the steepest staircase of the Aracoeli – 124 stone steps broken into 25 sections by brief landings – leading up the brick façade of Sta Maria in Aracoeli. The staircase was once frequented by spinsters looking for husbands, and barren, married women, climbing the stairs on their knees, hoping to conceive a child by their devotions. In the 18th century, peasants arriving in Rome slept on the steps prior to selling their produce at sunrise in the Forum. They were eventually persuaded to move by irate local residents who bounced stone-filled barrels down the staircase.

The second set of stairs, running in companionship, but at a slightly different angle, is the Michelangelo-designed Campidoglio staircase, which presents a more grandiose and elegant solution to ascending the Capitol. It was almost suitable for horses, even carriages – a gentler slope, a broad staircase flanked by a balustrade, with water-spouting lion-fountains at the bottom and symmetrical stone horses attending the summit.

que je gardais des deux escaliers parallèles du Capitole. D'abord l'escalier le plus ancien et le plus escarpé de l'Aracoeli (124 marches de pierre divisées en 25 étages par de courts paliers) montant vers la façade de briques de St Maria d'Aracoeli. Cet escalier était jadis fréquenté par les vieilles filles en mal de mari et par les épouses stériles qui le montaient à genoux, espérant concevoir un enfant grâce à ces dévotions. Au XVIIIème siècle, les paysans qui arrivaient à Rome dormaient sur ces marches avant de vendre leurs denrées sur le Forum au lever du soleil. Ils furent chassés par les habitants du quartier qui lancèrent des barils pleins de pierres du haut de l'escalier.

L'autre escalier, s'élevant presque parallèlement, est l'escalier du Campidoglio de Michel-Ange, solution plus grandiose et plus élégante pour monter la colline du Capitole. Il était accessible pour les chevaux et même pour les voitures. L'inclinaison de cet escalier est douce, il est large et flanqué d'une balustrade, de fontaines avec des lions crachant de l'eau en bas et des chevaux de pierre dressés symétriquement en haut.

Grand Staircase *by Giambattista Piranesi*

Grand Escalier *par Piranèse*

Grand Staircase *by Giambattista Piranesi*

Grand Escalier *par Piranèse*

SITE 54. DETAIL OF A REFORMER'S COAT

A framing chosen for its sympathetic magic: the frogging of the Reformer's cloak looks like the rungs of a ladder – a truly vertical staircase. It is a detail of clothing made imperishable by being fixed in stone. At least it is a detail which will acknowledge a hypothetical costume department.

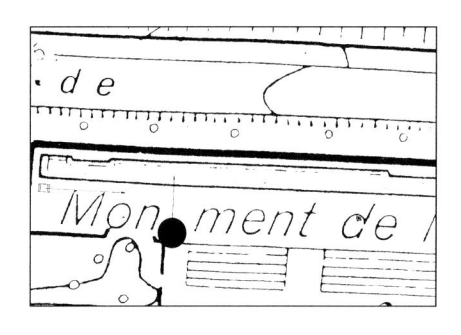

SITE 54. DÉTAIL DE LA REDINGOTE D'UN GRAND ÉLECTEUR

C'est un cadrage choisi pour la sympathie qui s'en dégage – la magie des brandebourgs de la cape, qui ressemblent aux barreaux d'une échelle – comme un escalier vraiment vertical – c'est un détail de vêtement rendu impérissable parce que figé dans la pierre. Un détail qui renvoie à un hypothétique département "costume".

The Campidoglio Stairs (detail)
by Giambattista Piranesi

Cabinet des Estampes, Genève

Les Escaliesr du Campidoglio (détail)
par Piranèse

SITE 55. THE REFORMERS' WALL IN THE PARC DES BASTIONS

With the details framed, this view takes a long perspective of the memorial to the reformers who supported iconoclasm, predestination, the monitoring of private morality, and who practised intolerance as fervently as the Catholics they despised. From a contemporary perspective it is curious that again in Geneva Catholics outnumber Protestants.

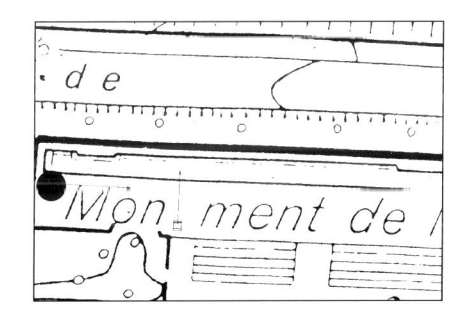

SITE 55. LE MUR DES RÉFORMATEURS DANS LE PARC DES BASTIONS

Une fois les détails cadrés, cette vue offre une perspective d'un mémorial des Réformateurs qui défendaient l'iconoclasme, la prédestination, l'ordre moral et pratiquaient l'intolérance avec autant de ferveur que les catholiques qu'ils méprisaient. D'un point de vue contemporain, il est curieux qu'à Genève les catholiques dépassent en nombre les protestants.

55

Michelangelo's Laurenziana Library Staircase

L'escalier de la bibliothèque Laurenziana par Michel-Ange

SITE 56. AN ENGLISH BAS-RELIEF IN THE PARC DES BASTIONS

After Henry Moore and Laura Ashley, another English reference-point. This is a painting in stone, a bas-relief framed in an approximation of the aspect-ratio that shapes Cinemascope – one medium quoting another and referencing a third. The bas-relief depicts the Plymouth Pilgrim Fathers establishing the first New England colony in 1620.

SITE 56. UN BAS-RELIEF ANGLAIS DANS LE PARC DES BASTIONS

Après Henry Moore, Laura Ashley, un autre point de référence anglais : un beau bas-relief encadré d'après de vagues critères cinémascopiques. Un art qui en cite un autre et se réfère à un troisième. Le bas-relief dépeint des Pères Pèlerins de Plymouth établissant leur première colonie anglaise en 1620.

The film PROSPERO'S BOOKS of 1991 had had an enthusiasm for stairs – notably the library-steps of the entrance to the Laurenziana Library in Florence, again designed by Michelangelo, this time for the Medici.

On a film-set in an Amsterdam shipyard, the film version of this masterpiece was built in a week. Manufactured in wood and plaster to mock and imitate the stone and gesso of the original, it was gone in a day, destroyed after a meticulous three-week reconstruction to make way for another set. Maybe the original Michelangelo staircase will be gone in a millennium, to join those earlier ascents of architectural history, the ziggurats and those de-marbled, de-stoned exposed stairs of the stepped pyramids, and every hypothetical Tower of Babel that fascinated Breugel with the vanity of reaching the impossible, of reaching Heaven, of making a stairway to God.

But all the celebrated steps and staircases of repute were, in spirit, to be included in this archetypal staircase: from a memory of the penitent-knee-eroded stairs of Durham Cathedral, to Veronese's stage-architecture, from the grandiose inventions of Piranesi to the water-staircases at Tivoli.

Le film PROSPERO'S BOOKS qui date de 1991 était également riche en images d'escaliers – notamment ceux de l'entrée de la bibliothèque Laurenziana de Florence, dessinés par Michel-Ange, cette fois pour les Médicis.

Sur le plateau de tournage situé dans un chantier de construction navale à Amsterdam, on construisit la réplique cinématographique de ce chef-d'œuvre en une semaine. Fabriqué en bois et en plâtre pour imiter et reproduire la pierre et le plâtre de l'original, il disparut en un jour, détruit pour faire place à un autre décor. Peut-être que l'escalier de Michel-Ange disparaîtra dans mille ans, pour rejoindre ceux qui le précédèrent dans l'histoire de l'architecture, comme les ziggourats et les escaliers dégagés de la pierre et du marbre des pyramides à étages, et l'hypothétique Tour de Babel dont l'orgueilleuse quête vers l'impossible, vers le paradis, et la vanité de ce gigantesque escalier montant à Dieu, fascina Bruegel.

Tous les escaliers célébrés et célèbres devaient être présents dans cet archétype d'escalier : des marches de la cathédrale de Durham usées par les genoux des pénitents, aux architectures étagées de Véronèse, des grandioses inventions de Piranèse aux fontaines en cascade de Tivoli.

The Laurenziana Staircase in Prospero's Books

L'escalier Laurenziana dans Prospero's Books

The Milan Palace Staircase in Prospero's Books

L'escalier du Palais de Milan dans Prospero's Books

SITE 57. THE CHESS-PLAYERS

A framing of a chess-game in public in a park fashioned from the ancient fortifications that successfully frustrated the military ambitions of Geneva's enemies - a self-reference of a sort, for we, too, are playing in public a game where choice is well-nigh unlimited, but where the rules are indelibly fixed.

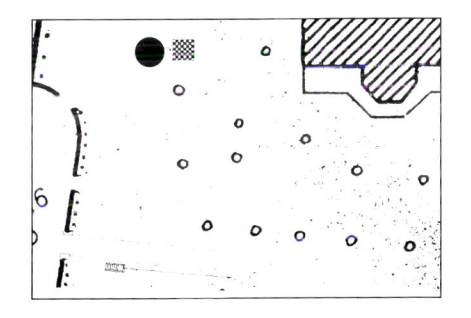

SITE 57. LES JOUEURS D'ÉCHECS

Cadrage d'un jeu d'échec en public dans un vieux parc établi sur les anciennes fortifications qui firent échec aux ambitions militaires des ennemis de Genève – une façon d'autodéfense, car nous aussi nous jouons en public un jeu dont le choix est quasi illimité mais dont les règles sont irrémédiablement fixées.

57

The centre for the Boullée Exhibition in the film of THE BELLY OF AN ARCHITECT was the Victor Emanuel Building in Rome, the Roman architectural wedding-cake, the Roman marble Olivetti, the Roman Remington typewriter, the loved and hated Vittoriano, a white marble extravagance that evoked the vulgar exhibitionist excitements of the Beaux Arts, the somewhat hollow triumphs of Victor Emanuel and all the ambiguities of the tomb of the Italian Unknown Warrior. The Vittoriano is a confluence of stairs – perhaps not so unlike the original Roman staircases of the Imperial Forum and the Palatine Palaces which might have looked just as vulgar to an imperial visitor as the Vittoriano is supposed to do now to a contemporary tourist.

On the various sets of the film I had been much impressed by the Cine-Città craftsmen. This small army of carpenters, painters and marblers, with their rags and broken chicken-feathers, easily and convincingly re-marbled the specially constructed wooden staircase each night, ready for the next morning's filming. To watch them was a delight at least equal to watching the actors perform – an occupation of equal purposeful deceit – on the very same painted steps the following day. In confidence of their expertise, THE STAIRS staircase was to be constantly re-marbled – in orange and white for the *Marriage of Aeneas*, in black and white for his funeral, in plain white for a ceremonial Blessing of a Child, in red and purple for the final conflagration of the staircase itself.

Le cœur de l'exposition Boullée dans le film LE VENTRE DE L'ARCHITECTE était le monument de Victor Emmanuel à Rome, le Vittoriano, ce gâteau de mariage de style romain, cette Olivetti de marbre romaine, cette machine à écrire Remington romaine, cet extravagant arc victorien de marbre blanc, aimé et haï, qui évoquait l'étalage délirant et vulgaire des Beaux-Arts, les triomphes un peu creux de Victor Emmanuel et toutes les ambiguïtés de la tombe du soldat inconnu italien. Le Vittoriano est un faisceau d'escaliers – semblable sans doute aux escaliers originaux du Forum Impérial et des Palais Palatins, qui semblaient probablement aussi vulgaires à un visiteur de l'époque que le Vittoriano à un touriste d'aujourd'hui.

Sur les différents plateaux de tournage du film, j'avais été très impressionné par les artisans de Cine-Città. Cette petite armée de charpentiers, de peintres et de marbriers, avec leurs chiffons et leurs bouts de plumes, retouchaient chaque nuit et de manière convaincante le faux marbre de l'escalier en bois spécialement construit. Il était prêt pour le tournage du lendemain. Les voir à l'œuvre était un plaisir aussi grand que de voir jouer les acteurs, d'une illusion identique sur ces mêmes marches peintes le jour suivant. Faisant confiance à leur habileté, les marches de l'Escalier devaient être sans cesse retouchées en orange et blanc pour le mariage d'Énée, en noir et blanc pour ses funérailles, en blanc pour la cérémonie du baptême d'un enfant, en rouge et pourpre pour l'embrasement final de l'escalier lui-même.

Roman postcards of the Victor Emanuel Monument

Cartes postale romaines du monument Victor-Emmanuel

SITE 58. CENTRAL PATH IN THE PARC DES BASTIONS

A framing of a long perspective just inside the gates of the Parc des Bastions where stone-paving and repetitive tree-trunks lead the eye to a hypothetical vanishing-point. Access to an exact mid-symmetrical viewpoint on the paved road was understandably forbidden in case of hindrance to the passage of emergency vehicles.

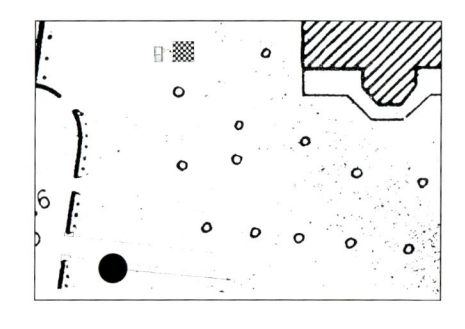

SITE 58. L'ALLÉE CENTRALE DANS LE PARC DES BASTIONS

Cadrage d'une longue perspective à l'intérieur des grilles de la Promenade des Bastions où les pavés conduisent le regard vers un point de fuite. L'accès à un point de vue mi-symétrique exact sur la route pavée était naturellement interdit pour ne pas gêner le passage des véhicules de secours.

58

A stairway is a common, powerful and very practical device for spectacle and display. It is a motif used often enough in two thousand years of painting, and indeed in a hundred years of cinema, from Eisenstein's often pastiched Odessa Steps from *Potemkin* to the going-nowhere impressive scaffolding stairs of Fellini's *8½*.

In the proffered film THE STAIRS, I wanted these stairs to be real – no two-dimensional dummy prop fabricated in substitute materials to be dismantled by five stage-hands with a screw-driver and a broom – not even Cine-città hands. The film demanded that these hypothetical stairs were to be recreated in the manner of Borges reworking *Don Quixote*, paradoxically exact in every part, but certainly not a copy.

Un escalier est un décor impressionnant et très pratique pour les effets spectaculaires. Les illustrations en sont nombreuses en deux mille ans d'histoire de la peinture et également en cent ans de cinéma, de l'escalier d'Odessa dans le Potemkine d'Eisenstein, si souvent copié, aux impressionnants amoncellements de marches ne menant nulle part du *8½* de Fellini.

Dans le projet du film THE STAIRS, je voulais qu'il soit réel, et non pas l'un de ces échafaudages en deux dimensions et en faux matériaux que peuvent démonter cinq machinistes avec un tournevis et un balai. Le film exigeait que cet escalier hypothétique soit recréé comme Borges retravaillant Don Quichotte, paradoxalement conforme jusqu'au moindre détail, sans être une copie pour autant.

The Victor Emanuel Monument by night from The Belly of an Architect

Le monument Victor-Emmanuel de nuit dans Le Ventre de l'Architecte

SITE 59. THE ROMAN CATHOLIC CHURCH FROM THE MUSIC CONSERVATORY

A framing of columns that echoes the Cathedral Porch profile of Site 30. Though this church was built as a Masonic Temple, it changed its religious profile in 1868, to accommodate conservative Catholics unhappy about Vatican doctrine. How accommodating is religion to architecture, or could it be the other way around?

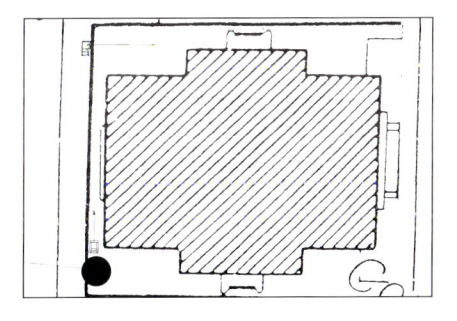

SITE 59. L'EGLISE CATHOLIQUE ROMAINE DEPUIS LE CONSERVATOIRE DE MUSIQUE

Cadrage de colonnes qui rappellent le profil du portique de la cathédrale du site 30. L'église a été construite comme temple maçonnique. Sa vocation religieuse a changé en 1868 pour héberger des catholiques conservateurs en rupture avec le Vatican. Est-ce la religion qui s'adapte à l'architecture ou le contraire?

Staircase from Federico Fellini's 8½

Courtesy of the Kobal Collection and Cineriz

Escalier dans 8½ de Federico Fellini

SITE 60. THE BACK OF THE MUSIC CONSERVATORY

A back-of-a-building view; the front is better understood if first you see the rear. The centre of this framing is a delicate column surmounted by a statue. In the canons of orthodox iconography, a column used to represent constancy and celibacy. In contemporary debased usage it may suggest the opposite.

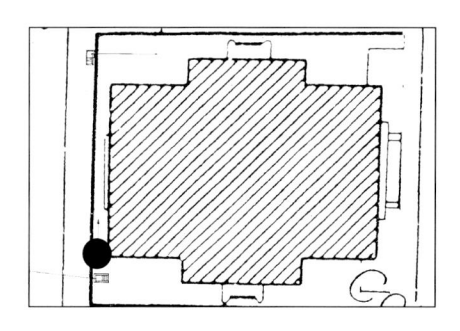

SITE 60. L'ARRIÈRE DU CONSERVATOIRE DE MUSIQUE

Vue de l'arrière du bâtiment. Le devant se comprend mieux si on voit l'arrière d'abord. Au centre de ce cadrage, une fine colonne surmontée d'une statue. D'après les canons de l'iconographie orthodoxe, une colonne servait à représenter la constance et la chasteté. Aujourd'hui, elle tendrait plutôt à évoquer le contraire.

60

6. THE STAIRS EXHIBITION

THE STAIRS will consist of ten exhibitions situated in major cities around the world.

Each time the exhibition will be held across a city-landscape, with as much site-specific relationship as is possible, with a large part of the exhibition held outside the confines and jurisdiction of the established or orthodox or conventional exhibition spaces.

In every case, it is intended that each exhibition should be open, at least in part, in a public space and be available for public perusal twenty-four hours around the clock. It is essential that each exhibition should have a time-limit of 100 days. The number 100 is to be used as a discipline in all the various parts of each separate exhibition.

Each exhibition should concentrate emphatically on one of the subject-areas so far under consideration, and then on five more areas that are considered equally essential for the language of cinema to be effective, but each will also be involved if possible with all ten.

Thus, the ten subject-areas to be considered are:
Location	Light
Audience	Text
The Frame	Time
Acting	Scale
Properties	Illusion

Plans for exhibitions 2 to 5, on the subjects of the Audience, The Frame, Acting and Properties, are in preparation and are briefly summarised here as a prelude to detailed consideration of the Geneva exhibition, LOCATION.

6. L'EXPOSITION THE STAIRS

THE STAIRS comprendra dix expositions situées dans plusieurs grandes villes partout dans le monde.

L'exposition se déploiera à chaque fois dans un paysage urbain, en relation aussi étroite que possible avec la spécificité du site et une grande partie de l'exposition se deroulera hors du cadre et des lieux d'exposition convenus, orthodoxes ou conventionnels.

Il est prévu que chaque exposition soit implantée, au moins en partie, dans un lieu public accessible en tout temps pour qu'on puisse la voir vingt quatre heures sur vingt quatre. Il est essentiel que chaque exposition ne dure pas plus de cent jours. Ce nombre de cent doit être un paramètre dans les diverses parties de chaque exposition.

Chaque exposition mettra en valeur des thèmes décrits plus haut, puis cinq autres aspects considérés tout aussi essentiels dans l'efficacité du langage cinématographique ; mais chacun de ces aspects sera également présent dans les dix expositions.

Les dix thèmes à prendre en considération sont donc :
le Cadrage	la Lumière
le Public	le Texte
le Cadre	le Temps
le Jeu	l'Échelle
les Accessoires	l'Illusion

Les projets pour les cinq prochaines, expositions sur les thèmes du Public, du Cadre, du Jeu d'Acteur et des Accessoires, sont en préparation et sont brievement résumés ici comme prélude à l'exposition de Genève : LE CADRAGE

SITE 61. VIEW ACROSS THE PLACE NEUVE FROM BEHIND THE MUSIC CONSERVATORY

This is a deep-focus view halved by the pleasant bulk of the Music Conservatory Building. For the determined and the eagle-eyed, it contains representations – far across the Place Neuve – of the certain founder of the Red Cross, Henry Dunant, and, much closer to hand, a possible founder of Dionysian Music.

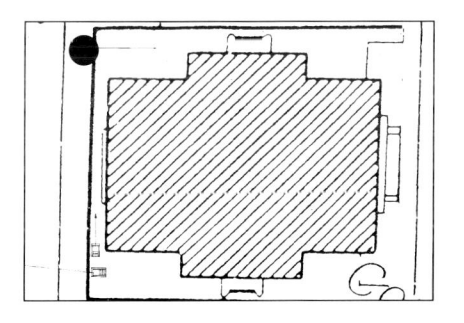

SITE 61. VUE TRAVERSANT LA PLACE NEUVE DEPUIS LE CONSERVATOIRE DE MUSIQUE

Vue en gros plan, coupée en deux, par la masse harmonieuse du Conservatoire de Musique. Pour les plus pointilleux et les plus attentifs, elle représente – au fond de la place – le fondateur de la Croix-Rouge, Henry Dunant, et plus près de nous le créateur probable de la musique dionysienne.

Audience from M is for Mozart

Le Public dans M pour Mozart

The Raft of the Medusa from Prospero's Books

Le Radeau de la Méduse dans Prospero's Books

SITE 62. THE MUSIC CONSERVATORY

The four sites that creep in a clockwise direction around the Music Conservatory have been working to make a 360° circle – to look southwest, north-west, and now to frame the front façade of the building from a position on the traffic island in the centre of the Place Neuve.

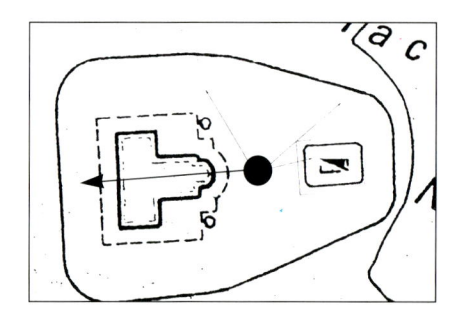

SITE 62. LE CONSERVATOIRE DE MUSIQUE

Les quatre sites établis autour du Conservatoire dans le sens des aiguilles d'une montre sont conçus en un cercle de 360º tournés vers le sud-ouest, le nord-ouest et le nord-est, pour cadrer le devant du bâtiment depuis le refuge pour piétons du centre de la Place Neuve.

THE AUDIENCE.
An ambitious thousand-seat audience is to be constructed across a capital city. Each seat will be identified and numbered in a sequence of one to a thousand – each seat therefore having a unique number in the series; the total providing in effect viewing conditions for a thousand-member seated audience for a period of 100 days.

Each collection of seats will be constructed in a stairs formation – however minimal – in any number of multiples. The majority of the seats will be arranged in the centre of the city, with a lesser number being constructed in the suburbs and a lesser number still in the surrounding countryside.

To observe the social aspect of a community audience, no seat will be on its own in isolation – the minimum requirement being ten – to preserve a satisfactory acknowledgement of the 100-figure discipline of all the ten exhibitions.

This 'audience' will observe anything and everything. Seats will be placed in public spaces, in streets and parks, in orthodox spectacle-watching areas – like football stadia, church pews, theatres and cinemas, in front of special architectural features, certain significant façades, before celebrated panoramas, sunset-viewing platforms, significant tracts of urban or rural spectacle, in front of certain paintings, statues or billboards.

In some cases the audiences are arranged in deliberately chosen sites of visual interest which conventionally might be thought dull, depressing, dangerous or undesirable. Some seats will be placed in those spaces considered inaccessible to normal watching habits, perhaps on building-sites, roofs of buildings, certain underground spaces, airport security platforms, and, maybe if appropriate, in association with off-shore sites.

LE PUBLIC.
Il faudra installer mille places assises en divers lieux d'une grande ville. Chaque siège sera numéroté de un à mille, l'ensemble permettant à mille personnes assises de voir, chaque jour, l'exposition sur une période de 100 jours.

Chaque ensemble de sièges sera monté en gradins, aussi petits soient-ils, en autant d'ensembles qu'il faudra. La majorité des sièges sera placée au centre de la ville, un nombre moindre sera installé dans les faubourgs et un nombre encore plus réduit dans la campagne environnante.

Pour garder l'aspect social d'un rassemblement de public, il n'y aura aucun siège isolé, le nombre minimum requis étant de dix, en référence au paramètre du chiffre cent en vigueur pour les dix expositions.

Ce "Public" regardera toutes sortes de choses. Les sièges seront installés dans des rues et des parcs, dans de véritables lieux de rassemblement, comme des stades de football, des églises, des théâtres et des cinémas, devant certains édifices particulièrement intéressants au niveau architectural, devant des panoramas célèbres, des belvédères installés pour voir le lever du soleil, des paysages urbains ou campagnards significatifs, devant certains tableaux, certaines statues ou certains panneaux d'affichage.

Dans certains cas, le public sera installé dans des sites délibérément choisis pour leur intérêt visuel qui pourrait être normalement jugé terne, déprimant, dangereux ou peu souhaitable. Certains sièges seront placés dans des endroits jugés inutilisables normalement comme points d'observation, contre des chantiers de construction, des toîts, certains lieux souterrains, des miradors d'aéroports et peut-être, le cas échéant, en rapport avec des lieux au large d'une côte.

The Audience – Outside the Geneva Opera-House

Le Public – Devant le Grand-Théâtre de Genève

SITE 63. THE OPERA HOUSE

Another full-frontal framed visual attack on a building dedicated to music. The first Genevan opera house was wooden and erected outside the town limits. Before it burnt down in 1768, the gates of the city had to be re-opened nightly to allow spectators to return home after each performance.

SITE 63 LE GRAND-THÉÂTRE

Gros-plans encore sur un autre bâtiment consacré à la musique. Le premier Opéra était en bois et construit hors de l'enceinte de la ville. Avant de brûler, en 1768, on devait ré-ouvrir les portes de la ville pour permettre aux spectateurs de rentrer chez eux après le spectacle.

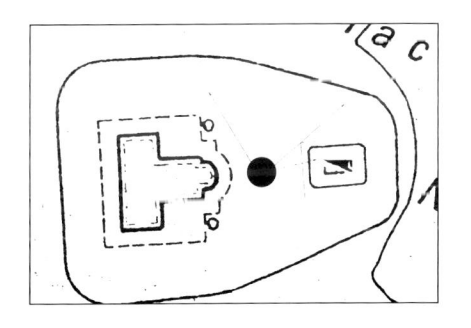

The Audience – Political Demonstration

Le Public – Manifestation Politique

The aim is to create a large seated audience situated to view a performance, that performance being, essentially, 'of the world' – the world's normal activity heightened by being made into a performance by conscious observation.

If the observation becomes abnormal or 'extra-normal' then so much the better, especially if changed or heightened without the act of observation being responsible.

Any audience may be in a position at any time to view anything. For example, any given audience in the thousand seats in the one hundred days, at any given time, might see a man take a dog for a walk, but that audience would be fortunate (or unfortunate) to see a dog bite a man, it would be very fortunate (or very unfortunate) indeed to see a man bite a dog. Such evaluation after all could be applicable to a given or rehearsed 'traditional' performance. How curiously fortunate (or unfortunate) were the theatre audiences present where and when Lincoln was assassinated in an auditorium and Molière died on a stage.

Our notion of a constructed performance is often governed by time: things must happen, we feel, within a given time to a make a performance significant. With the opportunity to – theoretically – be an audience for twenty-four hours or more, such performance-impatience is happily unjustified. If the event took place in Spring or Autumn we might witness a four-week leaf-growth or leaf-fall. If we were regular witnesses of a certain location we might see human relationships develop, for example, the ripening of a pregnancy by constant viewing of a woman's public appearances in the street, the progress of an illness by observing the

Le but est de regrouper un public assis, installé pour regarder une représentation – cette représentation étant essentiellement celle "du monde" – l'activité normale du monde étant transcendée par l'observation consciente.

Si cette contemplation devient anormale ou hors des normes, tant mieux, surtout si elle est modifiée ou transcendée sans en être elle-même responsable.

Chaque public peut se trouver à tout moment confronté à toutes sortes de choses. Une partie du public parmi les mille sièges, par exemple, peut à tout moment voir un homme promener un chien et pourrait avoir la chance (ou la malchance) de voir un chien mordre un homme, mais ce serait une chance (ou une grande malchance) de voir un homme mordre un chien ! Ces données pourraient après tout s'appliquer à un spectacle ou à une répétition traditionnels. Quelle ne fut pas la chance (ou la malchance) du public présent au théâtre quand Lincoln fut assassiné ou que Molière mourut en scène.

Notre notion de spectacle construit est souvent liée au temps : nous avons l'impression que les choses doivent se passer dans un temps donné pour qu'un spectacle ait un sens. L'opportunité d'être, théoriquement, spectateur pendant vingt quatre heures ou plus rend sans fondement cette impatience liée au spectacle. Si l'événement se déroulait au printemps ou à l'automne, nous pourrions voir pousser ou se faner une feuille en quatre semaines. Si nous étions les spectateurs permanents d'un endroit précis, nous pourrions voir s'y développer des relations humaines, l'évolution d'une grossesse, par exemple, en voyant toujours la même femme passer dans la rue, le développement d'une maladie en observant quotidiennement un

SITE 64. THE MUSÉE RATH

The third significant building in the Place Neuve with cultural credentials is the Musée Rath – its six-columned atrium framed in quoted remembrance of the framing of the cathedral, but since this is a building dedicated to a Faith in the Arts, at night the lighting is more joyous, less severe.

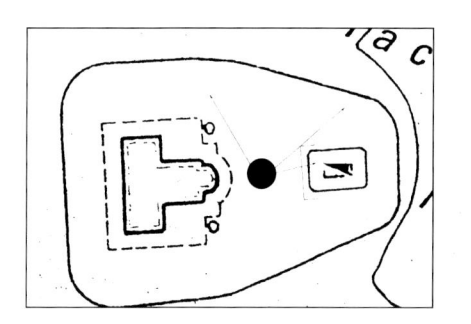

SITE 64. LE MUSÉE RATH

Troisième bâtiment de grande renommée culturelle sur la Place Neuve : le Musée Rath. Son atrium à six colonnes est cadré avec un clin-d'œil au cadrage de la cathédrale, mais comme ce bâtiment est voué à la fois dans les Arts, son éclairage la nuit est plus gai, moins austère.

daily activity of a patient walking to the chemist, the growth of a building, the persistent rise and fall of tides, various forms of erosion.

We might, given the right location and viewing-position, even be persuaded to watch paint dry.

malade qui se rend chez le pharmacien, nous verrons un immeuble sortir de terre, le va-et-vient continuel des marées, diverses formes d'érosion.

Placés au bon endroit et sous un angle adéquat, nous pourrions même être convaincus de voir sécher de la peinture.

The Audience – Watching Television

Le Public – Regardant la télévision

SITE 65. THE ARM OF THE STATUE IN THE PLACE NEUVE

This is a framed detail of an outstretched arm. The statue is of General Henri-Guillaume Dufour, engineer and Genevan benefactor who, with an authoritative hand, helped steer the city to its modern shape. The framing cuts the hand from the body and silhouettes it against the sky, by moonlight and daylight.

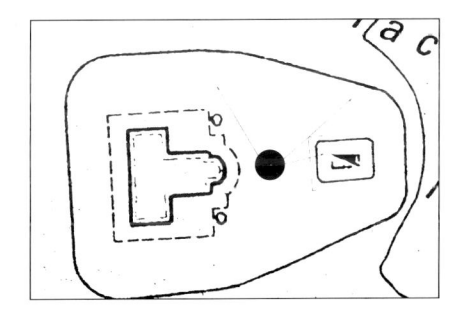

SITE 65. BRAS DE LA STATUE DE LA PLACE NEUVE

Détail d'un bras. C'est la statue du général Henri-Guillaume Dufour, ingénieur et bienfaiteur genevois qui, d'une main autoritaire, a aidé la ville à prendre sa forme actuelle. Le cadrage coupe la main du corps et la fait se détacher contre le ciel, le jour et au clair de lune.

Ways of Drowning *by Peter Greenaway*

Comment se noyer *de Peter Greenaway*

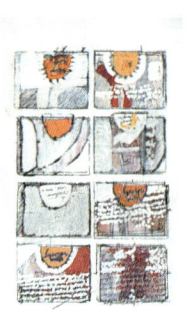

The Rising Sun from The Framed Life *by Peter Greenaway*

Le Soleil levant dans The Framed Life *de Peter Greenaway*

Deus ex Machina *by Peter Greenaway*

Deus ex Machina *de Peter Greenaway*

THE FRAME.

In 1995 – the year of cinema's centenary – it is proposed to demonstrate the ubiquity of the film-frame in a form of ironic celebration, for the frame is the template and substance of cinema-manifestation into which all cinema's content is circumscribed and without which cinema is considered amorphous and undisciplined and uncontained.

In placing this emphasis on the frame, it is also possible to relate the phenomenon to the frame disciplines of all the other pictorial arts, most especially to the frame-space of painting.

Also perhaps in this celebration it will be possible to intimate that the predominance of the frame – after 100 years of use in cinema – may well be exploded in response to demands that have been anticipated by such modern technology as the Imax/Omnimax 'frameless' screen, and by the phenomenon associated with virtual reality where the frame becomes an irrelevance.

The proposal is to 'make' 100 large 'painting-screen-frames' across a city on the exterior walls of public and private buildings at used, un-used and dis-used sites – sometimes individually, but preferably in sequences – where there will be one painting for each year of the 100 years of cinema.

Each 'painting-frame' will be made like a cinema screen – flat, and of a landscape proportion and dimension that corresponds to the current ratio of each year of cinema's history, from the original Academy ratio of 1 to 1.33 to the later variable aspect-ratios that were used by Cinerama, Vistavision and Cinemascope.

LE CADRE.

En 1995, année du centenaire du cinéma, le projet consiste à démontrer l'ubiquité de l'image cinématographique sous la forme d'une célébration ironique, car l'image est la jauge et la substance manifeste du cinéma où est circonscrit tout son contenu et sans laquelle le cinéma est considéré sans forme, sans discipline et sans structure.

En mettant l'accent sur l'image, il est aussi possible d'analyser ce phénomène en relation avec tous les autres arts platiques, et plus particulièrement avec l'espace du cadre en peinture.

Au cours de cette célébration, peut-être sera-t-il possible de démontrer que la prédominance du cadre – après cent ans de pratique au cinéma – peut exploser sous la pression des besoins de la technologie moderne comme l'écran "sans carré" Imax / Omnimax et comme phénomène associé à la réalité virtuelle où le cadre ne se justifie plus.

Il s'agirait de "faire" cent grands "écrans-tableaux", un par année depuis 1895, répartis dans la ville sur les murs extérieurs de bâtiments publics et privés, dans des sites en activité, sans activité ou désaffectés, parfois séparément, mais de préférence en série.

Chaque "écran-tableau" sera conçu comme un écran de cinéma-plat, avec la proportion et la dimension panoramique corres-pondante au format courant de chaque année de l'histoire du cinéma – du format académique original de 1 à 1.33 aux divers formats ultérieurs employés par le Cinérama, la Vistavision et le Cinémascope.

SITE 66. BUST OF HENRY DUNANT IN THE PLACE NEUVE

A close-up – in profile and in mirrored full-face - of a star performer in Genevan history, Henry Dunant, compassionate witness of the carnage at Solferino and founder of the Red Cross. He fought also against the death penalty, and the location of his bust marks the ancient spot of judicial execution.

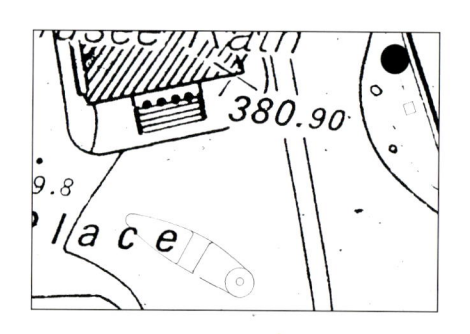

SITE 66. BUSTE DE HENRI DUNANT PLACE NEUVE

Gros-plan de profil, et reflété de face, d'une star de l'histoire de Genève : Henry Dunant, témoin ému du carnage de Solférino et également fondateur de la Croix-Rouge. Il s'est aussi battu contre la peine de mort et son buste se trouve exactement là où avaient lieu les exécutions.

Two pages of Frames *by Peter Greenaway*

Deux pages de Frames *de Peter Greenaway*

SITE 67. STEPS IN THE RUE DE LA CITÉ

This is a most prosaic medium-shot framing, chosen for its even-paced stolidity accommodating itself to the steep slope of the cobbled hill – a modest flight of steps to an expansive doorway in a windowless wall of the town-house of the financier Lulin, who, carelessly, died before the house was finished.

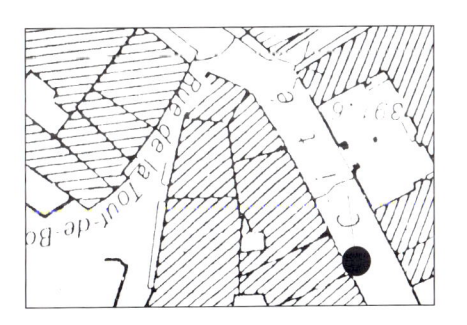

SITE 67. MARCHES RUE DE LA CITÉ

Cadre en plan-moyen prosaïque, choisi pour son imperturbable régularité seyant si bien à la forte pente de la colline – un escalier modeste conduisant au grand porche de la façade sans fenêtre du domicile du financier Lulin qui a eu le mauvais goût de mourir avant qu'elle ne soit terminée.

Double spread of Pink Frames *by Peter Greenaway*

Deux pages de Pink Frames de Peter Greenaway

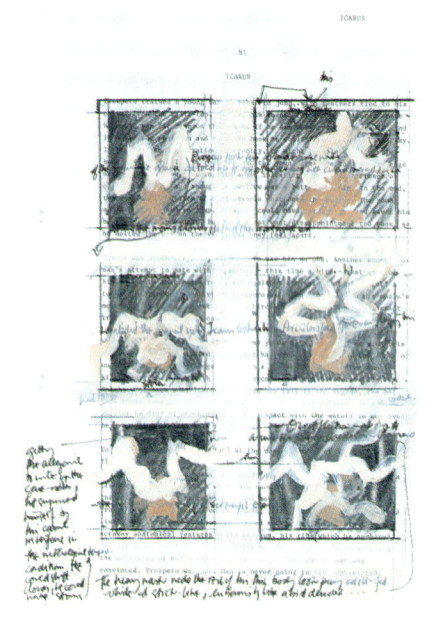

A page from Prospero's Books – Icarus

Une page extraite de Prospero's Books – Icare

SITE 68. THE BRUNSWICK MONUMENT

A site chosen in irony that partially frames the statue of a military man, Charles d'Este-Guelp, Duke of Brunswick, who, deposed from his inheritance for incapacity and corruption, found exile in Geneva, eventually to have himself commemorated riding a horse facing a hotel that floats the neon sign of Peace.

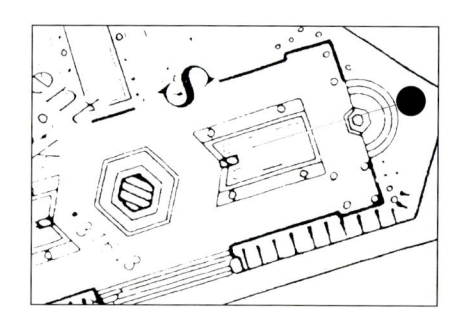

SITE 68. LE MONUMENT BRUNSWICK

Ce n'est pas sans ironie que le site cadre en partie la statue d'un militaire, Charles d'Este-Guelp, duc de Brunswick, qui, ayant été déshérité pour incompétance et corruption, a trouvé exil à Genève où il s'est fait représenter à cheval devant un hôtel qui dit en lettres lumineuses : Paix.

From 1895 to the early 1940s, all the 'screens' will be in black-and-white or monochrome. To correspond with the introduction of colour into cinema, the 'screens' will be steadily infused with colour. The creation and development of TV will be included as an insert frame in black-and white from 1936, and in colour from the mid-1960s.

Where possible, the characteristics of the 'wall' on which the 'frame' is manufactured will be preserved – especially if the material of the wall is pertinent.

All these 100 'painted-screens' will be carefully illuminated after dark with a programme of computer-driven projected lighting-effects sympathetic to ideas of the projected image. There will be no attempt to provide figurative substance to these 'frames', the objective being to demonstrate exclusively the language of light projection defined by a fixed frame, though film-projection shutter-speeds, light-colour temperature changes and other characteristics of projection will be programmed, along with – perhaps at certain key sites – other notions of the projection language, such as traditional optical effects associated with the fade, the wipe, the dissolve, irising and focus-changing.

All the frames will be prepared by an agreed date to 'start' the celebration by an unveiling of all 100 frames on one evening to celebrate the official anniversary of cinema's centenary.

De 1895 à 1940, tous les "écrans" étaient en noir et blanc ou monochromes. Pour évoquer l'arrivée de la couleur dans le cinéma, la couleur sera petit à petit introduite sur les écrans. La création et le développement de la télévision seront illustrés par l'insertion d'un cadre en noir et blanc à partir de 1936 et en couleur dès le milieu des années 60.

Dans les limites du possible, les caractéristiques du 'mur' sur lequel sera fabriqué le cadre seront préservées – surtout si le matériau du mur est intéressant.

Ces 100 "écrans-tableaux" seront soigneusement illuminés la nuit par des effets de lumière transmise selon un programme d'ordinateur en rapport avec l'idée de l'image projetée. Une tentative de fournir une substance figurative à ces "images" n'existera pas – le but étant exclusivement de montrer ce qu'exprime une projection lumineuse contenue dans un cadre fixe, bien que les vitesses d'obturation, les variations de température des couleurs claires et d'autres caractéristiques de projection soient aussi programmées en même temps que d'autres notions de la technique de projection, par exemple les effets optiques traditionnels associés au fondu enchaîné, à la fermeture ou à l'ouverture en fondu, au rétrécissement progressif du champ et au changement de mise au point, pourraient être montrés en des endroits-clés.

Toutes les images seront préparées pour une date convenue afin de commencer la célébration en dévoilant la totalité des 100 images le même soir pour célébrer l'anniversaire officiel du centenaire du cinéma.

Proportional Representation *by Peter Greenaway*

Représentation proportionelle *de Peter Greenaway*

Twenty-three Corpses *by Peter Greenaway*

Vingt-trois Cadavres *de Peter Greenaway*

SITE 69. THE PLAQUE COMMEMORATING THE ASSASSINATION OF THE AUSTRIAN EMPRESS

Since we can never see the event itself, this is a framing of a text that bluntly records it. The event is the assassination of the Austrian Empress by an Italian anarchist whose action was a gesture of protest against authority in general, and against rich elderly aristocrats in particular.

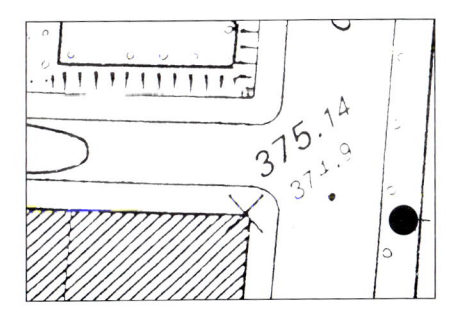

SITE 69. LA PLAQUE COMMÉMORATIVE DE L'ASSASSINAT DE L'IMPÉRATRICE D'AUTRICHE

Puisqu'il est impossible de voir l'événement même, voici un cadrage d'un texte qui le relate assez crûment. L'événement en question est l'assassinat de l'impératrice d'Autriche par un anarchiste italien qui, par son acte, a voulu protester contre l'autorité, en général, et contre tous les vieux et riches aristocrates, en particulier.

Ariel from Prospero's Books

Ariel dans Prospero's Books

Dying man from Prospero's Books

Homme agonisant dans Prospero's Books

ACTING.

Cinema, having its origins in theatre, literature and painting, has developed a large cast of characters that are essential to the action of its drama and narrative. This cast, considering the very wide range of subjects and ideas covered in cinema, is, of course, very large, but it can be considered that there is a hard core of characters or archetypes that persistently re-occur and are constantly utilised in the action of constructed drama.

It is proposed that this exhibition demonstrates 100 of the most celebrated, most utilised, most essential dramatic archetypes – not only in cinema – but in its associative forerunners in theatre, literature and painting. And by doing this, to debate the nature of symbolic characterisation, allegory, mythological types and their contemporary equivalents, to debate the nature of 'impersonation', the Shakespearean 'all the world's a stage', the nature of acting, deception, pretence, fakery and that dramatic cinematic essential 'the suspension of disbelief'.

The proposal centres on exhibiting the character-archetypes of cinema (and theatre and literature and painting) as personified by actors, extras, models or performers exhibited in various parts of the city – in the streets, public squares and public places, to be dramatically illuminated after dark.

This very considerable involvement of the 'live' factor in this exhibition is going to be of great importance, requiring considerable co-operation from actors, performers and extras – not least, the very real problem of asking performers to spend long hours in public view in a glass-case – and this suggests a need for a complex rota system of performers, who may in the end exceed 400 individual players.

LE JEU D'ACTEUR.

Le cinéma prenant sa source dans le théâtre, la littérature et la peinture, a engendré un large échantillon de personnages qui sont essentiels au déroulement de ses intrigues et de ses récits. Cet échantillon, vu le très grand éventail de sujets, est naturellement très vaste, mais on peut considérer qu'il existe un noyau de caractères ou d'archétypes qui reviennent en permanence et sont constamment employés dans la structure de l'action dramatique.

Cette exposition devra montrer les cent archétypes dramatiques les plus célèbres, les plus utilisés, les plus essentiels – non seulement au cinéma mais dans ce qui les précède, au théâtre, en littérature, en peinture .... Et débattre de la symbolique signification de l'allégorie, des types mythologiques et de leurs équivalents contemporains, débattre de la nature de "l'imitation", du Shakespearien "le monde entier est un théâtre", de la nature du jeu, des artifices, des faux-semblants, des truquages et de cet élément essentiel de la dramaturgie cinématographique "le besoin d'y croire".

Le projet est centré sur la présentation de caractères – archétypes du cinéma, du théâtre, de la littérature et de la peinture, incarnés par des acteurs, des figurants, des mannequins ou des artistes se produisant en divers lieux de la ville – dans les rues, les places publiques et les lieux publics – illuminés théâtralement la nuit venue.

Dans cette exposition l'engagement à grand échelle du facteur "live" sera d'une grande importance, necessitant la collaboration de nombreux acteurs, artistes et figurants. Un des problèmes non des moindres sera de demander à des interprètes de passer de longues heures dans une cage de verre devant le public – ce qui demandera un système complexe de rotation conduisant finalement à dépasser le nombre de quatre-cent acteurs.

SITE 70. RAYMOND WEIL IN THE RUE MONT BLANC

A modest framing selected carefully for its unassuming normality, a standard Geneva main-city street with a view – on a fine day – of the French Alps beyond. What may be significant is that Switzerland is plainly advertised here by orthodox reference to watches, chocolate and, if you look very hard, SwissAir.

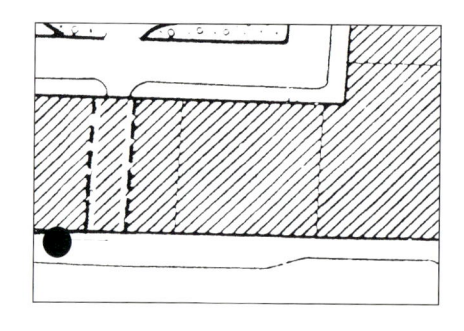

SITE 70. RAYMOND WEIL RUE DU MONT BLANC

Cadrage soigneusement sélectionné pour sa normalité sans prétention : voici une rue typique de Genève avec vue – par beau temps – sur les Alpes françaises à l'horizon. Ce qui est surtout intéressant, c'est que la Suisse y est clairement vantée par la traditionnelle référence aux montres, aux chocolats et évidemment à Swissair.

Maths-boy from Prospero's Books

Le Jeune Matheux dans Prospero's Books

Ceres from Prospero's Books

Cérès dans Prospero's Books

The Juggler from Prospero's Books

Le Jongleur dans Prospero's Books

SITE 71. THE STATUE OF ROUSSEAU FROM THE BACK

Two views of the statue of Rousseau on the Rhone island named after him. In the first view he appears in the same frame as the fountain in the lake, with his books piled up under his chair to shelter them from the damp and the opprobrium of the affronted.

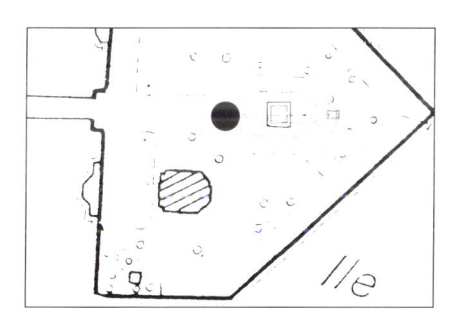

SITE 71. LA STATUE DE JEAN-JACQUES ROUSSEAU DE DOS

Deux belles vues de la statue de Rousseau sur l'île du Rhône qui porte son nom. Dans la première vue, il apparaît dans le même cadre que le jet d'eau, avec ses livres empilés sous sa chaise pour les protéger de l'humidité et de l'opprobre de ceux qu'il a offensés.

71

Still life from The Cook, the Thief, His Wife and Her Lover

Nature morte dans Le Cuisinier, Le Voleur, Sa Femme et Son Amant

SITE 72. THE STATUE OF ROUSSEAU FROM THE FRONT

In 1762, Rousseau's L'Emile *and* Le Contrat Social *were burnt at the Geneva Town Hall and he was condemned to exile in his absence. It took a Revolutionary Tribunal to rehabilitate him, and an even greater change of heart to get the Genevans to erect this statue to his memory.*

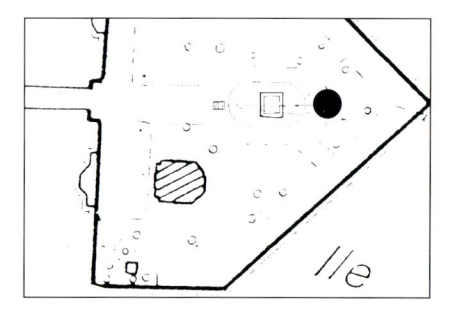

SITE 72. LA STATUE DE JEAN-JACQUES ROUSSEAU DE FACE

En 1762, L'Émile *et* Le Contrat Social *de Rousseau ont été dûment brûlés à la Mairie de Genève et il a été condamné à l'exil par contumace. Il a fallu un tribunal révolutionnaire pour le réhabiliter et un renversement d'opinion pour que les genevois érigent une statue à sa mémoire.*

PROPERTIES.

Cinema, having its origins in theatre, literature and painting, has needed – along with its text, its actors, its confining frame, its sense of location – a wide variety of props or properties, significant objects that facilitate the action and in many cases are essential to its development and completion. These properties, considering the very wide range of subjects and ideas covered in cinema, are, of course, multifarious, but it can be considered that there is a hard core of objects or artefacts that are constantly re-occurring, and constantly utilised in the action of constructed drama.

This is an exhibition of the 100 most celebrated, most utilised, most essential properties. Although the emphasis is on cinema – many of these objects have been utilised for centuries in the dramatic exposition of events in literature, in the theatre and in painting. It was said that in every properties-box in the Shakespearean theatre there was most certainly a severed head, a crown, a skull, a sword, a screen and a white handkerchief. In very many contemporary films there is sure to be a hand-gun, a car, cigarette-smoke and a telephone. In 19th-century melodrama you were certainly likely to find a clock, poison, and a coffin. In every age the properties of money, a mirror, a love-letter, a key, alcohol and a door would certainly be familiar. Many of these properties – like the skull and the mirror – have been of enduring significance in traditions of Western painting, along with more particular objects used for their literal virtuosity and their metaphorical associations, like the peeled lemon and the soap bubble, the lute and the bunch of grapes, and the white napkin.

LES ACCESSOIRES.

Le cinéma, ayant pris sa source dans le théâtre, la littérature et la peinture, a eu besoin – avec ses textes, ses acteurs, son cadre restrictif, son sens des lieux – d'une grande variété d'accessoires, d'objets significatifs qui facilitent l'action et dans bien des cas sont indispensables à son développement et à sa conclusion. Ces accessoires, vu la grande variété de sujets et d'idées traités par le cinéma, sont, naturellement, multiples, mais on peut considérer qu'il existe un ensemble d'objets ou d'ustensiles qui sont constamment utilisés dans la construction de la trame cinématographique.

C'est une exposition des accessoires les plus célèbres, les plus utilisés, les plus essentiels. Bien que l'accent soit mis sur le cinéma, beaucoup de ces objets ont été employés pendant des siècles dans la présentation dramatique des événements en littérature, au théâtre et en peinture. On disait que dans tout coffre d'accessoires du théâtre shakespearien il devait y avoir une tête coupée, une couronne, un crâne, une épée, un écran et un mouchoir blanc. Dans bien des films aujourd'hui, on est sûr de trouver un pistolet, une voiture, de la fumée de cigarette et un téléphone. Dans les mélodrames du XIXème siècle, vous auriez vraisemblablement trouvé une horloge, du poison et un cercueil. A toute époque, des accessoires tels que l'argent, un miroir, une lettre d'amour, une clé, de l'alcool et un portrait sont courants. Beaucoup de ces accessoires – comme le crâne et le miroir – sont depuis longtemps significatifs dans la tradition de la peinture occidentale, tout comme les objets employés pour détourner leur virtuosité ou pour leurs implications métaphysiques, comme le citron pelé et les bulles de savon, le luth, les grappes de raisin et la nappe blanche.

Still life from Prospero's Books

Nature morte dans Prospero's Books

SITE 73. VIEW OF THE PUMPING HOUSE FROM THE BERGUES BRIDGE

A view chosen for its self-reflexive narcissism, for this composition frames exhibition-site number 99 on the iron bridge that supports the Pumping House which in 1887 housed the generators that supplied power to the city. It also curiously marks the city's belief in the true start of the River Rhone.

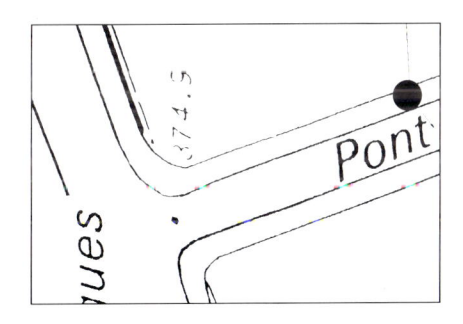

SITE 73. VUE DU BÂTIMENT DE LA MACHINE DEPUIS LE PONT DES BERGUES

Vue choisie par son narcissisme introspectif, car sa compostion cadre le site 99 sur le pont de fer qui soutient la Machine qui, en 1887, abritait les générateurs qui fournissaient la ville en énergie. Elle marque aussi curieusement la conviction de la ville que le Rhône prend sa source ici.

Prospero's Books from Prospero's Books

Les Livres de Prospero dans Prospero's Books

It is our intention to propose an exhibition of 100 installations - each installation devoted to one of these 100 properties where at least 100 of each property is exhibited.

This multiplicity not only emphasizes - perhaps to the point of deliberate exhaustion - each object (as though each installation was a possible storehouse of the property where the artefacts were kept carefully cosseted for future use) but, in many cases, will show the variety possible within the range of every property-description.

It is suggested that these objects - some of them so apparently ephemeral - like 100 bunches of flowers, or 100 ripe pomegranates - should be displayed with exacting rigour in carefully disciplined (and perhaps refrigerated) illuminated storage-racks or exhibition-cases of glass or wood or metal.

In the case of the installation of large objects like 100 cars - it is possible that an existing collection of 100 cars should be utilised to be carefully parked on a given public space.

Nous avons l'intention de proposer une exposition de cent installations, chaque installation étant consacrée à l'un de ces cent accessoires et où au moins cent exemplaires de chaque accessoire sont exposés.

Cette multiplicité met en valeur chaque objet – peut-être jusqu'à une saturation délibérée – comme si chaque installation pouvait être une réserve de cet accessoire soigneusement gardé pour un usage ultérieur mais, dans bien de cas, elle montrera la diversité de chaque sorte d'accessoire.

Il est suggéré que ces objets – certains à l'évidence éphémères, comme cent bouquets de fleurs ou cent grenades mûres – soient disposés avec une rigueur absolue dans des casiers ou des vitrines de verre, de bois ou de métal soigneusement illuminés et même, peut-être, réfrigérés.

Dans le cas de l'exposition d'objets volumineux comme cent voitures – il est possible qu'on utilise une collection déjà existant de cent voitures soigneusement garées dans un lieu public.

SITE 74. THE FOUNTAIN FROM THE BERGUES BRIDGE

In the 1880s, on Sundays – a strict day of rest in Geneva – the city pumping-station was obliged to shut down, but it was a difficult technical problem to switch off the pumps, so the excess pressure was used to drive a fountain. For many years, Geneva had a Sunday-only fountain.

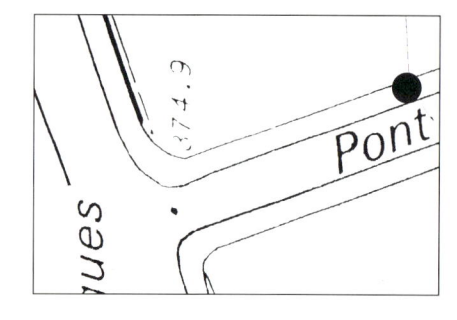

SITE 74. JET D'EAU DEPUIS LE PONT DES BERGUES

Dans les années 1880, le dimanche – jour de repos strictement observé à Genève – la machine devait fermer, mais ce n'était certes pas une mince affaire. L'excès de pression était utilisé pour alimenter un jet d'eau. Pendant longtemps Genève a donc eu un jet d'eau qui ne fonctionnait que le dimanche.

Illuminated Water-Towers from Drowning by Numbers

Châteaux d'eau illuminés dans Drowning by Numbers

Beach cricket from Drowning by Numbers

Cricket sur la plage dans Drowning by Numbers

SITE 75. UNDER THE STREET AND ABOVE THE RIVER IN THE QUAI DES MOULINS

A framing of violent water. This is a composition of half wet, half dry, half stillness, half violent movement, half land, half turbulent water. Between the two – under the overhang of the street pavement – is a most dangerous-looking space visited only by the half intrepid and those already half drowned.

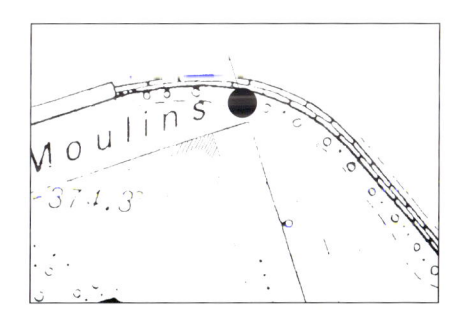

SITE 75. AU DESSOUS DE LA RUE AU-DESSUS DU FLEUVE QUAI DES MOULINS

Cadrage d'une eau violente. C'est une composition mi-humide, mi-sèche, mi-calme, mi-terre, mi-eau tumultueuse. Entre les deux – sous le surplomb du trottoir – se trouve un espace des plus inquiétants que ne visitent que les vrais intrépides ou les personnes qui sont en train de se noyer.

75

Staircase in Geneva – Number 10 Rue Coutance

Escalier à Genève – 10 rue Coutance

SITE 76 NIGHT DEPOSIT SAFE ON THE QUAI DE L'ILE

Switzerland is rich in banks. This is a framing of a place to put your money after hours. Money and night are associated, and in a shiny silver rectangle with proportions sympathetic to a frame of film in the cinema. Cinema is an activity also associated with money and darkness.

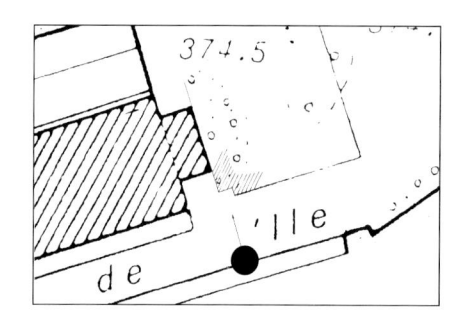

SITE 76. "TRÉSOR DE NUIT" DU QUAI DE L'ÎLE

La Suisse est très riche en banques. Voici un beau cadrage de l'endroit où vous pouvez déposer votre argent après les heures de fermeture. Association entre argent et nuit dans un rectangle argenté qui brille. Proportions d'un film au cinéma, ce dernier étant aussi une association entre argent et obscurité.

76

7. LOCATION – GENEVA

The prime subject matter for the exhibition in Geneva is Location.

No film is wholly satisfactory without a sense of location, whether that location be fact or fiction, found or created. But it is also true that the found or created location is always 're-created' by the film to make its own sense of geography, topography and space, whether it be of a Continent or a cupboard, whether it be complex or simple. This might seem an obvious statement to make on paper, but it requires considerable effort, ingenuity and imagination to successfully posit a true sense of space to the illusions of a film.

Cinema can only offer limited illusionary three-dimensional space which must be made significant within the rigid confines of a rectangular frame, and it can conventionally only offer one viewpoint at a time. Consider working the situation backwards and attempt to re-create a 'real' location solely with the information given by the film; very rapidly that real landscape would be full of voids and blanks, and grossly ill-fitting details. It has long been cinema practice to accept this misalignment of real space – and cinema audiences have well learnt to accept this great spatial deception with extraordinary equanimity.

In the film THE DRAUGHTSMAN'S CONTRACT (1982) great efforts were made to complement the nature of the demands for veracity that were integral to the plot, by filming a location that would be fully comprehensible. More than one enthusiastic viewer, without assistance from extra-frame sources, and without visiting the place of filming, has been able to recreate the location in geographical exactness solely from information taken

7. LE CADRAGE – GENÈVE

Le sujet principal de l'exposition à Genève est le cadrage.

Aucun film n'est vraiment complet sans un "genius-loci", que ce lieu soit réel ou fictif, trouvé ou créé. Mais quel qu'il soit, le lieu doit toujours être recréé pour le film afin d'avoir sa propre signification géographique, topographique et spatiale, qu'il soit immense ou grand comme un mouchoir de poche, qu'il soit complexe ou simple. Cela peut paraître facile à écrire, mais il faut faire un effort, faire preuve d'une ingéniosité et d'une imagination considérables pour donner un vrai sens de l'espace à tous les facteurs illusoires d'un film.

Le cinéma ne peut qu'offrir un espace illusoire et limité en trois dimensions qui doit devenir significatif dans les limites rigides d'un cadre rectangulaire, et il ne peut traditionnellement offrir qu'un seul angle de vue à la fois. Envisagez de renverser la situation et d'essayer de recréer un lieu réel avec les seules informations données par le film ; ce paysage serait fait de vides et de blancs et de détails inutiles. On a l'habitude au cinéma d'accepter ce mauvais agencement de l'espace réel et les spectateurs ont appris à accepter cette distorsion spatiale avec une extraordinaire sérénité.

Avec le film MEURTRE DANS UN JARDIN ANGLAIS (1982) nous avons fait de grands efforts pour répondre aux exigences de vérité qui étaient liées à l'intrigue, en filmant un lieu qui serait totalement intelligible. Ces spectateurs pouvaient ainsi, sans se rendre sur le lieu du tournage, recréer le lieu dans sa vérité géographique à partir des seules informations prises dans les images du film. Ce n'est bien sûr pas une vertu en soi, mais c'est un exercice qui démontre une caractéristique particulière du langage cinématographique en termes positifs et

---

SITE 77. THE BERTHELIER INSCRIPTION

The Swiss hero Berthelier, condemned to death for patriotism, stands in his pyjamas pointing at an inscription on the gate-house wall. He had written such words on the walls of his prison: 'I will not die, but I will live to narrate the acts of Our Lord.' He was beheaded

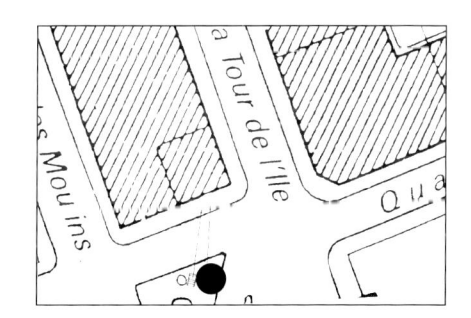

SITE 77. L'INSCRIPTION DE BERTHELIER

Le héros suisse Berthelier, condamné à mort pour patriotisme, pointe du doigt une inscription sur le mur du corps-de-garde. Il avait écrit ces mots sur les murs de sa prison : "Je ne mourrai pas, mais je vivrai pour témoigner des Actes de notre Seigneur". Il est mort décapité.

The Draughtsman's Contract

Meurtre dans un Jardin Anglais

The Draughtsman's Contract

Meurtre dans un Jardin Anglais

Geneva Location – Domestic Façade

Cadrage de Genève – Façade

from the film-frame. This of course has no virtue in itself, but it is an exercise that demonstrates a particular characteristic of cinema language in positive and negative terms of truth and deception which is open to huge potential exploration and will be considered in THE STAIRS exhibition devoted to Space.

But as well as the conundrums of physical organisation of space, it is also a personal exasperation that the locations of a film are conventionally only visited for a maximum of two hours, the length of an average feature-film, and usually for much much less, for a movie usually has many locations. Since a wish thereby to make four and six-hour films on a regular basis is impractical, other solutions need to be discovered.

négatifs, de vérité et de tromperie, qui laisse le champ libre à la recherche. Cet aspect sera traité dans l'exposition THE STAIRS consacrée à l'espace.

Bien que les lieux d'un film présentent des difficultés d'organisation spatiale, ce qui m'exaspère particulièrement est le fait que les lieux d'un film soient utilisés deux heures au plus – durée moyenne d'un film – et souvent bien moins longtemps puisqu'un film se déroule dans divers lieux à la fois.

L'impossibilité de réaliser régulièrement des films de quatre ou six heures de temps m'ont poussé a rechercher des solutions alternatives.

SITE 78. THE BERTHELIER SUNDIAL

A framing of a sundial – a representation of Time and thereby a curious evocation of Berthelier's defiance. His acts of patriotism live on, though for two years the two parts of his body rotted in public – his head nailed to the Arve bridge, his body hung on the Champel gallows.

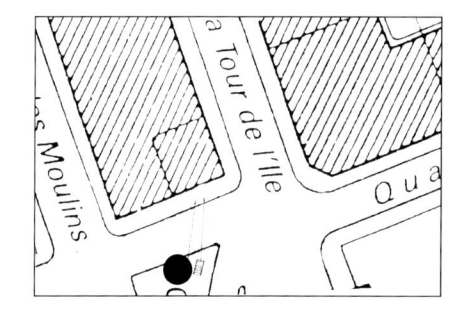

SITE 78. CADRAN SOLAIRE BERTHELIER

Cadrage d'un cadran solaire : une représentation du temps mais aussi une évocation du défi de Berthelier. Ses actes de patriotisme perdurent, même si les deux parties de son corps ont pourri deux ans en public – sa tête clouée au Pont de l'Arve, son corps pendu à la potence de Champel.

To quote from a press release: "I have always been fascinated by the particular excitements aroused by a sense of place, the distinction of a particular *genius loci*. This is true if the place, space or location is indeed a real one but it is certainly also true if the location has been invented in words, in a painting or in the cinema.

"Since familiarity erodes anxiety, the strongest remembrances of location I have as child were the unfamiliar places of summer vacations. If possible I was the last to leave the beach, shut the door, close the curtains, never certain I would see the world outside again just as I had left it. I was hesitant about travel because of the unlikelihood of being able to repeat an experience of place, and I especially disliked travelling fast in case I failed to understand the connections between places. I slept on trains to avoid consequent misalignment, and I was happy there were superstitions enough to legitimise my fear of not seeing a place again. I threw coins into every available fountain. I still feel uncomfortable in an unknown place, but a map will usually combat the discomfort, for at least a map will offer a spurious sense of capture and therefore some sense of understanding, and will situate the details and continuity of a place even if it personally cannot be experienced. I need to see the back of buildings.

"I am certain now that these anxieties were not irrelevant to a question of light, because night so often cancelled the problem. The possibility of change in a location was less likely after dark.

"Perhaps all this is an English preoccupation since the light changes quickly in England and cannot be relied upon to be repeated. The value of the anxiety has now largely changed, it has now become professional not personal.

Pour faire une citation:"J'ai toujours été fasciné par la présence d'un "génius loci" particulier. C'est tout aussi vrai si les lieux, l'espace ou l'endroit sont réels ou s'ils sont fictifs, inventés par des mots, en peinture ou en cinema.

"Puisque la familiarité estompe l'angoisse, les souvenirs des lieux les plus forts de mon enfance sont les endroits inhabituels des vacances d'été. J'étais le dernier à quitter la plage, à fermer la porte, à tirer les rideaux, jamais sûr de retrouver le monde extérieur tel que je l'avais laissé. J'avais peur des voyages, car il était peu probable que je puisse renouveler l'expérience d'un lieu, et j'appréhendais particulièrement de voyager vite de peur de ne pas comprendre ce qui reliait les lieux. Je dormais dans les trains pour éviter les coupures, et je me réjouissais des superstitions qui légitimaient ma crainte de ne pas revoir un lieu. Je jetais des pièces dans toutes les fontaines que je voyais. Je me sens toujours mal à l'aise dans un endroit inconnu, mais un plan atténue généralement ce malaise, car il donne une impression de securité même si elle fausse, et situe les détails et la continuité d'un lieu. J'ai besoin de voir l'arrière des bâtiments.

"Je suis maintenant certain que ces angoisses n'étaient pas sans relation avec la lumière, car la nuit résolvait souvent le problème. La nuit, la possibilité de changement dans un lieu était moins probable.

"Tout ceci est peut-être une préoccupation spécifiquement anglaise, puisque la lumière change vite en Angleterre et qu'on n'est jamais sûr de retrouver la même. La nature de cette angoisse a maintenant beaucoup changé, elle est devenue professionnelle et non plus personnelle. Je soupçonne que la raison inavouée des prises de vue en studio de mes trois derniers films soit liée à l'angoisse de changements de lumière trop fréquents et hors du contrôle du cinéaste.

Geneva location – back wall of the Cinema Alhambra

Site de Genève – mur du Cinéma Alhambra

SITE 79. THE PEACE STATUE FACING THE PUMPING-HOUSE BRIDGE

A framing of a commemoration of a different kind. This is a statue of Peace erected in 1939 at the start of the Second World War. The framing is also ironic – a rectangle, but slanted diagonally in direct and perverse opposition to the rectangularity of that which has gone before.

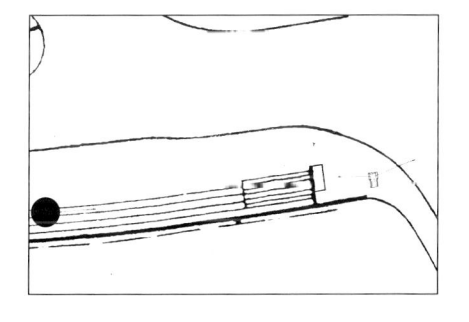

SITE 79. LA STATUE DE LA PAIX ET LE PONT DE LA MACHINE

Un cadrage d'une commémoration un peu différente. Il s'agit d'une statue de la paix érigée en 1939 au début de la Seconde Guerre mondiale. Le cadrage est aussi ironique : un rectangle mais incliné à la diagonale en opposition directe et perverse avec l'aspect rectangulaire de ce qui s'est passé auparavant.

Geneva Location – Spiral Staircase

Cadrage de Genève – Escalier en colimaçon

I suspect one of the unadvertised reasons for the claustrophobic studio-shoots of the past three feature-films has to do with the anxiety about volatile light changes outside of the film-maker's control."

"However, the studio can be no more a fictional setting than a found location. In a studio I am happy to consider a corner of a set knowing it to be entirely fictitious, but content to know it is forming and describing a physical and emotional space with unique characteristics equal to anything found on a so-called real location. The back or wrong side of a set can be as interesting as the so-called right side. And if this is so, it is not difficult to have the anxiety that any sense of location is not served well enough. The cinema demands a limited view of things – especially a location, so the viewpoint must be chosen with the greatest possible concern. Is the camera in the right position? Is the sense of place framed well enough to understand the location's true characteristics? Since I distrust the camera – is it 'seeing' the place with sufficient exactness to be re-seen accurately by an audience? Is this landscape, this townscape, this road, being filmed well enough and at the right time? Should there be more light? Should it be darker, rainier, mistier, less yellow, should there be less sky? Should the space be emptier or fuller? And with what?"

In the film DROWNING BY NUMBERS (1986), devised to emphasize a very changing-light consciousness, many scenes were filmed some ten times or more, as the natural light faded or brightened, to be certain that the location was appreciated well enough. The situation was not resolved in the cutting-room, for the numerous possibilities – each one with individual valuable characteristics – created again the irritating need for choice. I wanted to use all ten takes, which would make nonsense of the narrative drama.

"Cependant, le studio peut être un décor moins fictif qu'un lieu dit naturel. Dans un studio, je suis heureux de regarder un décor en sachant qu'il est totalement fictif, mais je suis satisfait de savoir qu'il forme et décrit un espace physique et émotionnel avec des caractéristiques spécifiques équivalentes à ce que l'on peut trouver dans ce qu'on appelle un lieu naturel. L'envers ou le mauvais côté d'un décor peut être aussi intéressant que ce qu'on appelle le bon côté. Et s'il en est ainsi, il n'est pas difficile de s'inquiéter de ce que tout sens du lieu ne soit pas assez bien servi. Le cinéma exige une vue limitée des choses – spécialement d'un lieu – et l'angle de vue doit donc être choisi avec le plus grand soin possible. La caméra est-elle bien placée ? Le sens du lieu est-il assez bien cadré pour comprendre les vraies caractéristiques du lieu ? Je me méfie donc de la caméra : voit-elle l'endroit avec assez d'exactitude pour qu'il soit clairement vu par un public ? Ce paysage campagnard ou urbain, cette route, sont-ils assez bien filmés et au bon moment ? Devrait-il y avoir plus de lumière ? Devrait-il être plus sombre, plus pluvieux ? Plus brumeux, moins jaune, avec moins de ciel ? L'espace devrait-il être mieux rempli ou plus vide ? Et avec quoi ?"

Dans le film DROWNING BY NUMBERS (1986), bien des scènes furent parfois filmées dix fois ou plus, la lumière baissant ou augmentant, pour être sûr que le lieu serait assez bien compris. Le problème ne fut pas résolu en salle de montage, car les nombreuses possibilités, chacunes valables, faisaient ressurgir cette question de choix. Je voulais utiliser les dix prises à la fois, ce qui n'avait aucun sens dans la structure dramatique.

SITE 80. THE PEACE STATUE FACING DOWNSTREAM

Not wishing to abandon this statue of a dove, a woman and a horse, it is framed again, this time from the other side, standing four-square under a sky that will always be scarred with tramway-lines. This naive Heroic Realist memorial is itself a reminder of its year of manufacture.

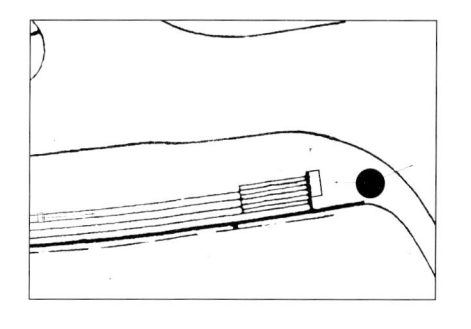

SITE 80. LA STATUE DE LA PAIX EN DIRECTION DU COURANT

Pour ne pas abandonner cette statue d'une colombe, d'une amazone et d'un cheval, elle est recadrée de l'autre côté érigée sur quatre mètres carré sous un ciel éternellement balafré par les lignes du tramway. Ce détail d'une naïveté héroïco-réaliste est un souvenir de l'époque où elle a été réalisée.

Map from A Walk Through H

Carte dans A Walk Through H

SITE 81. THE PLACE SAINT GERVAIS

A framing of the oldest and most continuously inhabited district of Geneva. Caesar camped here in 57 BC. The Swiss watch-industry started here. Rousseau engraved watch-cases here. Throughout History this was the place to get a bath, a shave, a hair-cut, a bet and a whore. Maybe it still is.

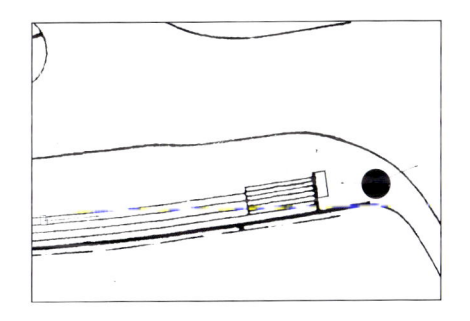

SITE 81. LA PLACE SAINT-GERVAIS

Cadrage du plus vieux et populaire quartier de Genève. César a campé ici. L'industrie horlogère a démarré ici. Rousseau a fait graver ses écrins de montre ici. De tout temps ce fut le lieu réservé aux bains chauds, aux coiffeurs, aux paris et aux putes. Peut-être l'est-il encore?

81

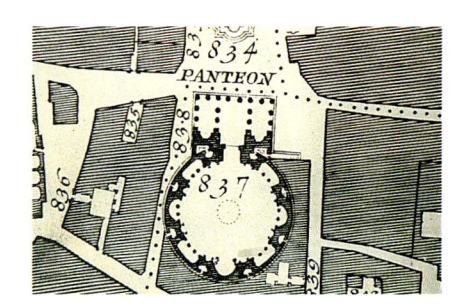

Map of Rome from The Belly of an Architect

Carte de Rome dans Le Ventre de l'Architecte

One hundred 'real' locations have been chosen in the city of Geneva and framed just as they would be in a film. Each location is naturally 'real' in a 360° sense and naturally exists through continuous – and not any truncated cinema-time.

Following the conventions of cinema – only one section of that location is framed – not framed by a camera but certainly by a framing device that has a longer history than a camera. Painters for six hundred years have used such optical devices to view and present the world, just like the draughtsman in THE DRAUGHTS-MAN'S CONTRACT. And because the viewer has the opportunity and freedom to place that chosen definitive frame in the 360° context, and if patience and interest extend that far, it is in a context of fourteen hours of continuously changing day-light (the exhibition is held in the Spring) and ten subsequent hours of artificial lighting – which is nominally static, but always subject to variations of movement and density by wind and weather, possible moonlight, and the inevitable movement of people and vehicles.

Each framing device in Geneva is built into a white-painted wooden staircase. The viewer has indeed to make a small journey, to climb the steps, the stairs, to find, in effect, an elevated position – however modest – and therefore acknowledge the stair-consciousness of the project. Perhaps the staircase is no more than four shallow steps, maybe ten, but a conscious effort has to be made to view the chosen location through the frame.

Cent lieux "réels" ont été choisis dans la ville de Genève et cadrés exactement comme ils le seraient dans un film. Chaque lieu est naturellement "réel", à 360°, et existe dans un temps continu et non tronqué, comme au cinéma.

Selon les conventions du cinéma, une partie seulement de chaque lieu est cadrée, non par une caméra mais en fait par un procédé de cadrage qui a une histoire plus longue qu'une caméra. Les peintres utilisent depuis six siècles un procédé optique de ce genre pour regarder et représenter le monde, comme le dessinateur de MEURTRE DANS UN JARDIN ANGLAIS. Le spectateur a la possibilité et la liberté de placer ce cadre fixe dans un contexte de 360°, et si sa patience et son intérêt vont jusque là, il peut y rester pendant quatorze heures de lumière de jour, continuellement changeante (l'exposition a lieu au printemps) et ensuite dix heures de lumière artificielle – qui est par définition statique, mais toujours sujette à des variations de mouvement et de densité en fonction du vent et du temps, d'un possible clair de lune, et des inévitables mouvements des gens et des véhicules.

A Genève, chaque lieu de cadrage est un escalier de bois peint en blanc. Le spectateur doit effectivement faire l'effort d'un passage obligé, monter l'escalier, pour se trouver en position élevée – si modeste soit-elle – et donc reconnaître la relation du projet avec l'escalier. Cet escalier n'a peut-être que quatre marches, peut-être dix, mais il faut faire un effort conscient pour contempler ce lieu à travers le cadrage.

SITE 82. THE STATUE OF A BOY WITH A FISH – FACING THE SYNAGOGUE

Here are two medium-shot frames of the same fountain-statue of a small boy holding a fish. In each view behind the statue – front and back – is evidence of a post-Calvinist Geneva. The first view frames a synagogue. It was not until 1852 that Geneva could officially recognise the Jewish community.

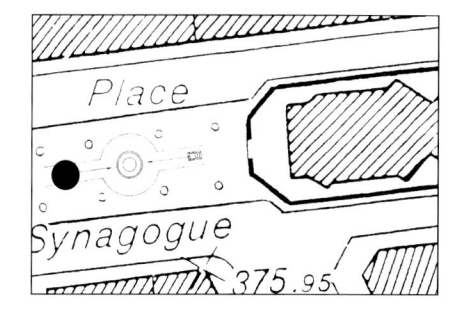

SITE 82. LA STATUE DU GARÇON AVEC LE POISSON EN DIRECTION DE LA SYNAGOGUE

Voici deux cadrages en plan-moyen de la statue et fontaine d'un jeune garçon qui tient un poisson. Dans chaque vue derrière on aperçoit des témoignages de la Genève post-calviniste. La première vue cadre une synagogue, ce n'est qu'en 1852 que Genève a pu reconnaître officiellement la communauté juive.

82

The staircases act like special viewing-platforms, modest positions of privilege from which to view the sites at all times of the day and night.

The one hundred staircases have been erected in public parks, in main streets and in modest alley-ways, at cross-roads, in courtyards, in public museums, in shop-doorways, on bridges, looking at the grass, the sky, stone, marble, brick, concrete. And unlike the brief glimpse of locations often encountered in the cinema, each frame of Geneva in this vast imaginary film of 100 locations is available 24 hours around the clock for 100 days, whether the weather is fine or bad, whether the streets are crowded or empty, whether the sun shines through the trees or rain wets the cobbles.

Geneva in this respect provides a one-hundred-viewpoint, one-hundred-day long film with a continuous activity of actors and extras in unlimited walk on and walk-off parts, in crowd-scenes, in properties and in innumerable and ever-changing lighting-effects.

Les escaliers sont comme des belvédères spéciaux, modestes positions privilégiées pour regarder les sites à tout moment du jour ou de la nuit.

Les 100 escaliers ont été érigés dans des parcs publics, dans de grandes artères et dans de modestes allées, à des carrefours, dans des cours, dans des musées publics, sous des arcades de boutiques, sur des ponts, regardant l'herbe, le ciel, la pierre, le marbre, la brique, le béton. Et contrairement au bref aperçu d'un lieu dans le cinéma, dans ce film imaginaire les cent lieux sont disponibles 24 heures sur 24 pendant cent jours, que le temps soit beau ou mauvais, que les rues soient encombrées ou vides, que le soleil brille à travers les arbres ou que la pluie mouille les pavés.

Genève est aussi le sujet d'un film long de cent jours avec l'activité continuelle d'acteurs et de figurants, des scènes de foule, avec des accessoires et sous des effets de lumière innombrables et sans cesse changeants.

SITE 83. THE STATUE OF A BOY WITH A FISH – FACING THE PLAINPALAIS CEMETERY

The reverse view frames the fish-boy, with a background – down the road – of the Plainpalais Cemetery, traditionally a graveyard for those who perished in the frequent Geneva plagues. In 1536, under Calvinist influence, the location of an interred human corpse was considered irrelevant and most cemeteries in Geneva were abandoned.

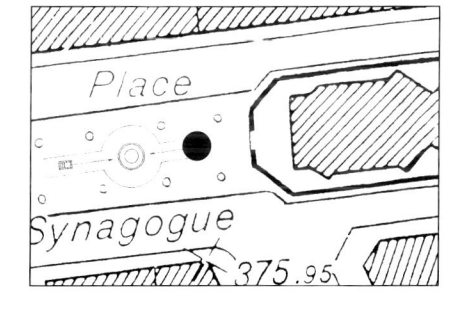

SITE 83. LA STATUE DU GARÇON AVEC LE POISSON EN DIRECTION DE CIMETIÈRE

La vue inverse cadre le garçon au poisson avec pour fond – en bas de la rue – le Cimetière de Plainpalais qui accueillait les victimes des fréquentes épidémies de peste. En 1536, sous l'influence calviniste, l'emplacement des tombes a perdu de son importance et de nombreux cimetières ont été abandonnés.

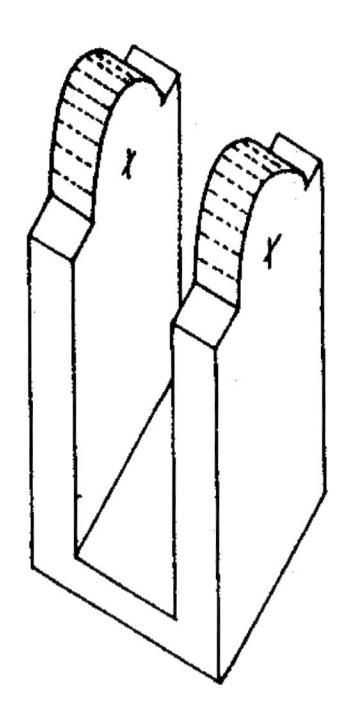

What may happen? For there are no actors primed to establish any narrative, no collaborators ready to move a prop, paint a wall, shift a light, throw a switch, shout 'action' or 'cut'. There may well be sequence, repetition, a reprise of some sort – and no doubt some impromptu activity in the knowledge that some semi-official watching is taking place – but the regular chance that – unlike in the manufacture of cinema – a second take will occur is unlikely.

A third take is very improbable.

Any city is decidedly made up of more than one hundred framed views. Ten thousand view-finders will not be enough to present Geneva, but we have chosen a limit, and within one hundred locations, the sites have been selected according to as many directives as possible. They are certainly related to a particular sense of place, but also to a cinema language of viewpoint, both the view of the general and the view of the specific, to make a rhythm of wide-shot, medium-shot and close-up.

The post-Renaissance European classical tradition has viewed architectural landscape primarily according to notions of perspective, symmetry and a desire to explain rationally an urban landscape space, an attitude that persisted perhaps until 20th-century photography unsettled the orthodoxy, deliberately offering what might be described as the half-view, the ambiguous viewpoint, the composition that insisted on considering two-dimensional interests rather than three-, and the viewpoint that did not necessarily offer an attempt at a spatial understanding. Both traditions have been borrowed, quoted, copied and mocked in this present selection, with a regard,

Que pourra-t-il se passer ? Car il n'y a aucun acteur préparé à déclarer un texte, aucun assistant prêt à avancer un accessoire, à peindre un mur, à modifier un éclairage, à effectuer un changement, à crier "action" ou "coupez!". Il se peut que les choses s'enchaînent, qu'il y ait une répétition, un genre de reprise – et sans doute de l'action impromptue puisqu'on sait être observé de manière semi-officielle – mais il est peu probable qu'il y ait une deuxième prise – contrairement à l'éboration d'un film.

Une troisième prise est très improbable.

Toute ville est incontestablement faite de plus d'une centaine de vues cadrées. Dix mille cadrages ne suffiraient pas à représenter Genève – mais nous nous sommes donné une limite et dans ces cent lieux, les sites ont été choisis selon le plus grand nombre de critères possible. Ils sont fonction d'un certain sens du lieu, mais aussi d'un langage cinématographique, ou point de vue, à la fois vue générale et vue de détail, pour créer un rythme de plans larges, de plans moyens et de gros plans.

La tradition classique européenne issue de la Renaissance a essentiellement considéré le paysage architectural selon des notions de perspective, de symétrie, avec le désir d'expliquer rationnellement l'espace urbain. Cette attitude a persisté sans doute jusqu'à ce que la photographie, au XXème siècle, bouleverse ces données, proposant délibérément ce que l'on peut décrire comme le premier regard. Un point de vue ambigu, une composition s'attachant à prendre en considération deux dimensions plutôt que trois, il n'est pas nécessairement concerné par une appréhension de l'espace. Dans ces cadrages choisis, nous avons fait des emprunts à chacune des traditions, nous les avons citées, copiées et

SITE 84. VIEW OVER THE CEMETERY WALL TO CALVIN'S GRAVE

There now follow three over-the-wall viewpoints not readily available to an orthodox pedestrian. The first one frames John Calvin's grave, marked just with the initials JC - the same initials as Christ. Maybe it is Calvin's grave. Maybe not. He left an express wish that his grave should not be identified.

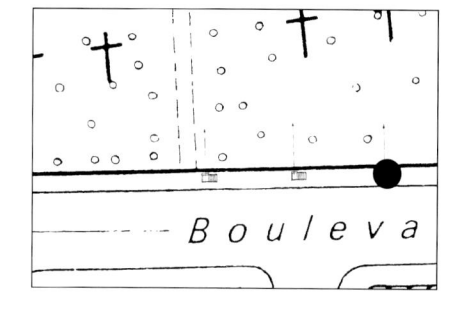

SITE 84. VUE PAR DESSUS LE MUR DE CIMETIÈRE SUR LA "TOMBÉ CALVIN"

Voici maintenant trois vues prises par-dessus le mur, peu accessible à un passant ordinaire. La première cadre la tombe de Jean Calvin marquée des initiales J.C., les mêmes que celles du Christ. Peut-être la tombe de Calvin? Il avait vivement souhaité que sa tombe ne soit pas indiquée.

84

where possible, to make the visual concern relate also to a choice made on a subject basis. Any venerable city is an amalgam of the secular and the ecclesiastical, the domestic and the industrial, wet and dry, open and closed, void and mass, the significant and the superficial. This selection of viewpoints pursued this variety, and did not neglect the denigrated viewpoint of the tourist, for the tourist seeks the definitive view, the economic identifying viewpoint with the maximum amount of sensory gratification.

Many framings are devised to be quotations of stair-ness, to make a deliberate choice of composition that will self-reflexively frame a staircase. And in the spirit of sequence that governs the construction of a film – however minimally narrative – there is a constant concern to make as many multiple connections between viewpoints as possible.

reproduites, en tenant compte, quand c'était possible, du contexte visuel lié au choix du sujet. Toute cité respectable est un amalgame de profane et de religieux, du domestique et de l'industriel, d'humidité et de sécheresse, d'ouverture et de fermeture, de vide et de foule, de significatif et de superficiel. Cette sélection de points de vue, c'est rattachée à cette diversité, sans négliger le point de vue si dénigré du touriste, car le touriste recherche une vision déterminée, l'angle de vue rationnel lui procurant le maximum de satisfactions sensorielles.

Beaucoup de cadrages sont conçus en faisant allusion à des escaliers, pour créer délibérément une composition qui poussera à imaginer soi même un escalier. Et dans l'esprit de continuité qui gouverne la construction d'un film – même très peu narratif – on est sans cesse soucieux d'établir autant de liens que possibles entre les angles de vue.

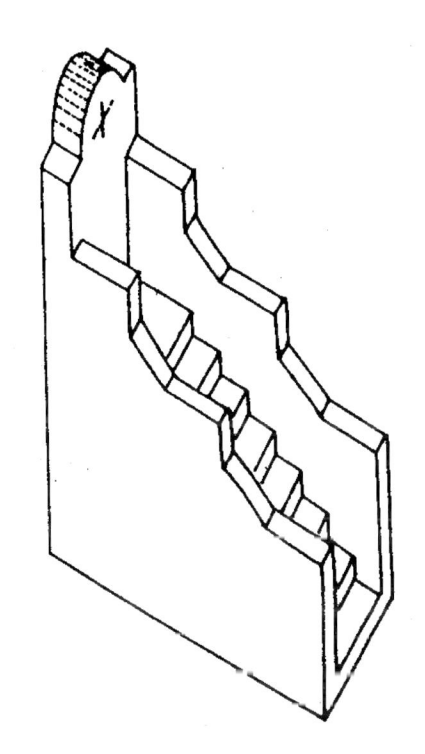

SITE 85. SECOND VIEW OVER THE CEMETERY WALL

Tombstones were not permitted here until 1779, when an Englishman, Thomas Sales, obtained leave from the Genevan authorities to cover his wife's grave with an inscribed memorial. His petition opened a flood of requests, and the common practice of cow and goat grazing was finally prohibited here in the 1820s.

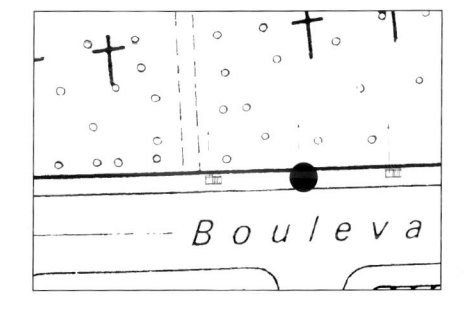

SITE 85. DEUXIÈME VUE PAR-DESSUS LE MUR DU CIMETIÈRE

Les pierres tombales ont été interdites jusqu'en 1779, lorsque l'anglais Thomas Sales a obtenu des autorités la permission de recouvrir la tombe de sa femme d'un mémorial. Sa requête a entraîné d'autres demandes et c'est dans les années 1820 que la pratique de laisser paître les animaux a été interdite.

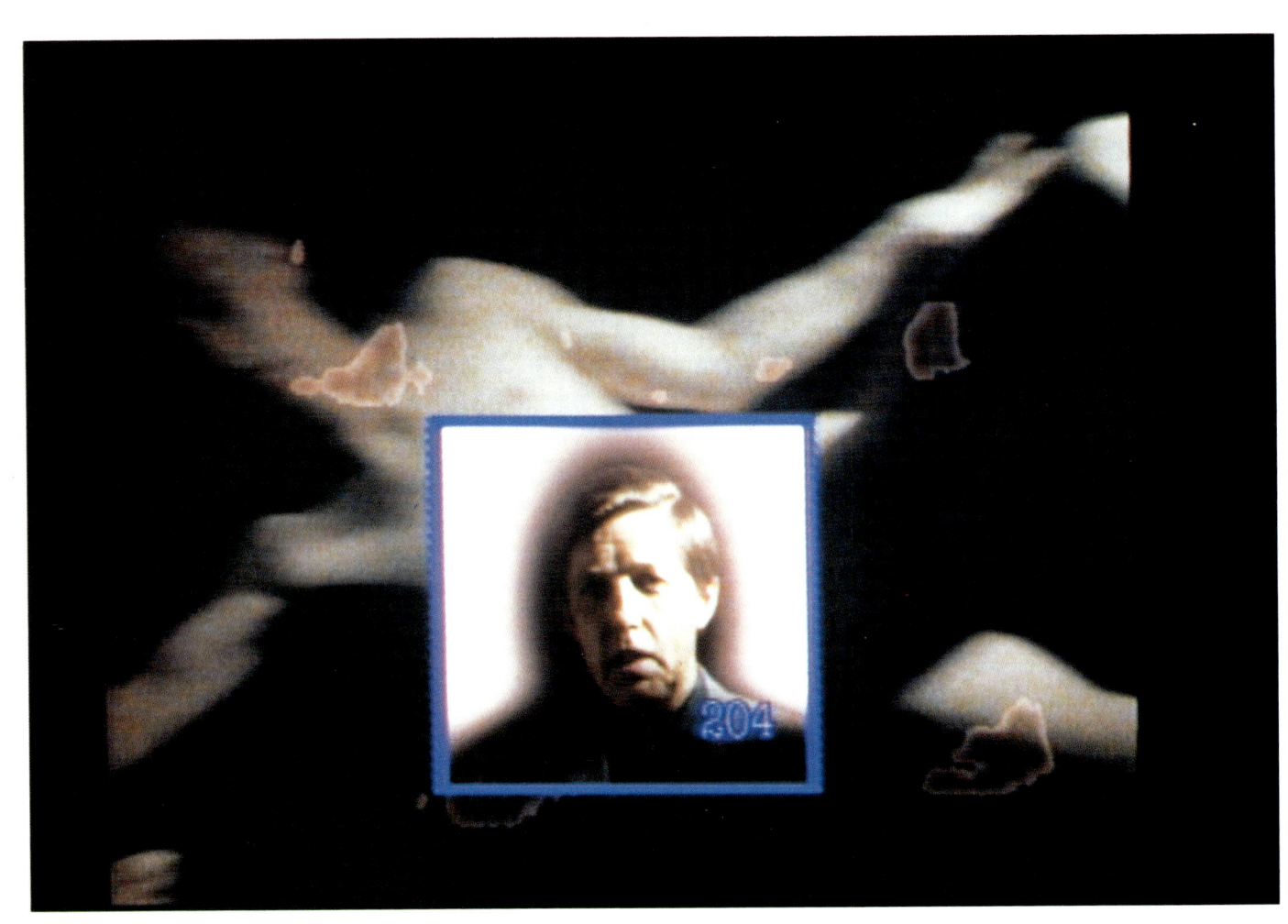

The Ornithologist from A TV Dante

L'ornithologue dans A TV Dante

SITE 86. THIRD VIEW OVER THE CEMETERY WALL

A third periscopic view of a further patch of tomb and grass insists on the contemplation of death a little longer. This cemetery is now considered to be a graveyard of the celebrated. Many painters and writers are buried here, including Borges. Even a film-maker or two is buried here.

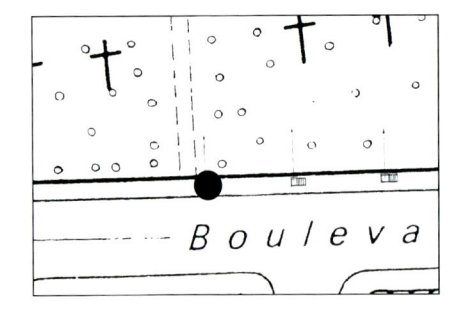

SITE 86. TROISIÈME VUE PAR-DESSUS LE MUR DE CIMETIÈRE

Une troisième vue périscopique d'un autre ensemble de tombes et d'herbe permet aussi de s'attarder un peu sur la contemplation de la mort. Ce cimetière est encore aujourd'hui considéré comme étant celui des gens vraiment célèbres. De nombreux peintres et écrivains – Borgès entre autres – y sont enterrés, avec quelques cinéastes.

8. THE FRAME

Although the prime concern of this exhibition in Geneva revolves around the examination of location, it is a sense of location viewable through a defined frame.

The frame has been the structure, method and discipline through which we have, in the West, predominantly viewed the plastic and performing arts for the last four hundred years. Certainly it is a characteristic of 95% of painting since 1600, and most theatre, ballet and opera are viewed through the fixed frame of the proscenium arch. The rigid rectangles of the still-photograph, the cinema and television perpetuate the tradition.

The painter, it is true, has had a certain freedom to choose the dimensions of his rectangular frame – though on examination he has proved to be remarkably conservative; nonetheless, his window on the world has been relentlessly structured on the horizontal-vertical control bounded by the strictest set of four right angles. The technological strictures of theatre-design and certainly cinema and television practice have seen that rectangle progressively become more and more rigid, curtailed and defined. A film director conceivably has three standard conventional aspect-ratios to choose from; the television picture has indisputably only one. The reasons for this self-imposed discipline is of course not difficult to fathom and it is surely historically related to the architectural design of the window, and perhaps the door – a cogent and convenient limiting device making boundaries coherent, putting life in a frame or a box, or in the case of the illusionistic image, a box in a frame.

8. LE CADRE

Bien que le thème de l'exposition de Genève tourne essentiellement autour de la notion de lieu, il s'agit de la notion du lieu vu dans un cadre précis.

Le cadre est la structure, la méthode et la règle selon lesquelles – en occident – nous considérons dans la plupart des cas les arts plastiques et scéniques. C'est certainement la caractéristique de 95% des tableaux depuis 1600, et la plupart des pièces de théâtre, des ballets et des opéras sont regardés à travers la structure fixe du cadre de la scène. Les rectangles rigides de la photographie, du cinéma et de la télévision perpétuent cette tradition.

Le peintre, il est vrai, a toujours eu une certaine liberté dans le choix des dimensions de son cadre rectangulaire bien qu'en y réfléchissant, il apparaisse très conservateur : sa fenêtre sur le monde a été sans cesse structurée par le rapport horizontal / vertical limité par les quatre angles droits. Les contraintes technologiques de la décoration de théâtre, la pratique du cinéma et de la télévision ont vu ce rectangle devenir de plus en plus rigide, réduit et limité. Un réalisateur de cinéma peut disposer d'un choix de trois formats – à la télévision, d'un seul. La raison pour laquelle on s'est imposé cette contrainte n'est pas difficile à comprendre. Elle est sûrement liée à l'histoire du dessin architectural de la fenêtre, et peut-être de la porte, procédé efficace rendant les limites cohérentes, enfermant la vie dans un cadre ou une boîte, ou dans le cas de l'image illusioniste une boîte dans un cadre.

SITE 87. BUST AT THE ETHNOGRAPHICAL MUSEUM

A framing of the head of an ethnologist. He is Eugene Pittard, Professor of Anthropology at the University of Geneva and director of the Ethnographical Museum for fifty years. His portrait-head on a short white column against the trees is curious – like a 19th-century herm in an Arcadian grove.

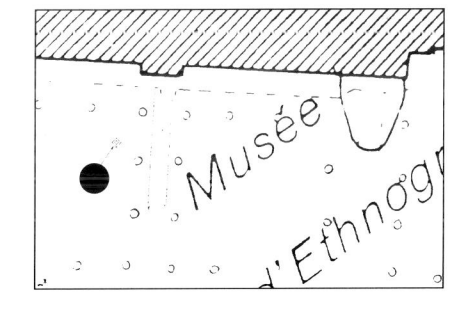

SITE 87. BUSTE DEVANT LE MUSÉE D'ETHNNOGRAPHIE

Voici un cadrage de la tête d'un ethnologue : Eugène Pittard, professeur d'anthropologie à l'Université de Genève et directeur du Musée d'Ethnographie pendant cinquante ans. Son portrait perché sur une petite colonne blanche sur fond d'arbre est très curieux – on dirait une colonne hermétique du XIXème siècle dans un bosquet arcadien.

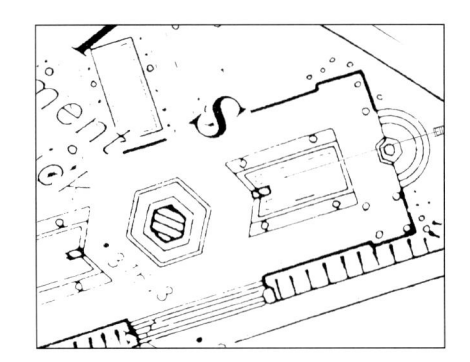

Map of Geneva

Carte de Genève

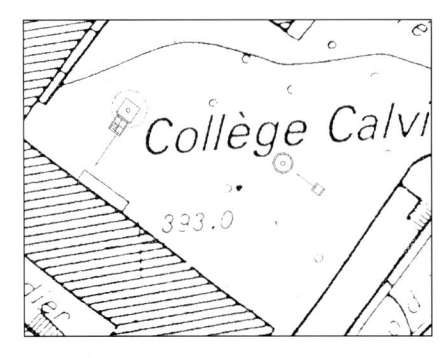

Map of Geneva

Carte de Genève

But the frame is not especially relative to human visual perception, which possesses no strict boundaries, and the frame has no natural affiliation within anything that occurs in the real visual world. It is an artifice and a construction, and therefore up for constant re-appraisal and a re-assessment.

It is true that there is some contemporary evidence to suggest that the ubiquitous constricting frame – what some might consider a rigid framing enslavement – is being broken, expanded, even – hopefully – exploded.

Painting, in the 20th century, had first made the frame a self-conscious instrument, eschewing the well-trodden device of window-on-the-world illusionism. Then it has developed further to ignore the frame entirely in a host of conceits and devices, that relate to sculpture, the installation, and a possible return in some ways to a pre-Renaissance use of interior space that is not bound to revere the authority of the flat wall.

Cinema has experimented with multiple-screen technologies, and a cinema experience with Imax and Omnimax that pushes an audience so close to the image that the edges of screen's frame are beyond the periphery of human vision. Television is deliberating on larger screen-formats, and starting, at least in Japan, to broadcast on new aspect-ratios. It has also been skirmishing with video-walls and wrap-around imagery. But despite all these developments, the structure and dominance of the frame persists so persuasively that few take the trouble to question its relevance, efficiency and usefulness.

Mais le cadre n'a pas de rapport particulier avec la perception visuelle humaine qui n'a pas de limites strictes, et il n'a pas davantage de lien naturel avec ce qui se passe dans le monde visuel réel. C'est un artifice et une construction, donc voué à de constantes réévaluations et ré-estimations.

Il est vrai qu'aujourd'hui, certains signes suggèrent que cet ordre omniprésent si contraignant a tendance à se briser, à s'agrandir même et, espérons-le, à exploser.

La peinture, au XXème siècle, a d'abord fait du cadre un instrument conscient, esquivant l'illusoire procédé de la fenêtre ouverte sur le monde. Puis elle a évolué pour ne plus tenir compte du tout du cadre grâce à une multitude de procédés, en rapport avec la sculpture et l'installation. C'est un retour, dans une certaine mesure, à l'espace interieur d'avant la renaissance, qui n'était pas limité à la surface plane du support.

Le cinéma a expérimenté les écrans multiples, et tenté une expérience cinématographique avec Imax et Omnimax qui pousse le public si près de l'image que les bords de l'écran sortent du champ de vision humain. La télévision s'interroge sur des écrans plus grands, et commence, du moins au Japon, à diffuser selon d'autres paramètres. On s'est aussi aventuré du côté des murs vidéo et d'un environnement total par l'image. Mais malgré tous ces développements, la structure et la domination du cadre persistent pourtant et bien peu de gens s'inquiètent de remettre en question sa légitimité, son efficacité et son utilité.

SITE 88. THE LAKESIDE SCULPTURE OF A BOY AND HIS HORSE

Near here in 1884 a young Italian rider got into difficulties whilst bathing his high-spirited horse, and despite heroic attempts to save him, he drowned. From this viewpoint of the sculpture, the boy's hand breaks the silhouette of his horse's back – it could be the waving hand of a drownee.

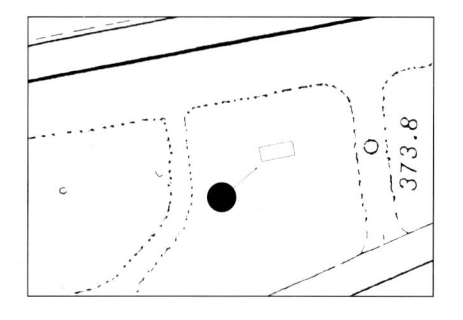

SITE 88. LA SCULPTURE DU GARÇON ET DE SON CHEVAL AU BORD DU LAC

Près d'ici, en 1884, un jeune italien s'est trouvé en difficulté en baignant son beau cheval. Le garçon a péri noyé malgré la rapidité du secours. Du point du vue de la sculpture, la main du garçon coupe la silhouette du cheval comme le signe du bras désespéré d'un noyé.

Traditionally, a painter selected a frame-aspect-ratio to be in sympathy with the content of his painting. At its simplest, human portraits are for the most part strong on the vertical axis, landscape on the horizontal. Such an organization is not possible in the same way in the cinema. When selecting a frame for the camera there is an illusion that the frame can be made sympathetic to the subject, yet – to cite extreme examples – the cinema is not able or willing to erect a high narrow frame for giraffes or a long low frame for snakes.

The framing of the locations in Geneva will attempt to address the subject with the most pertinent, or impertinent, of frames – on occasion, to break the rectilinear in order to insist on a diagonal framing, a condition that, given our familiarity with right-angle-based vision, causes discomfort, and often an attempt on the viewer's behalf to correct the 'mistake' by turning the head on an angle to find again a world horizon relative to human vertical balance.

Un peintre choisissait traditionnellement la taille de son cadre en fonction du contenu de son tableau. En résumé, les portraits sont pour la plupart construits sur un axe vertical, les paysages sur un axe horizontal. On peut procéder de même au cinéma. Quand on choisit un cadrage, on a l'illusion qu'on peut le faire en fonction du sujet, bien que – pour citer un exemple extrême – le cinéma ne puisse pas dresser un écran haut et étroit pour filmer des girafes ou un écran long et bas pour filmer les serpents.

Le cadrage des lieux à Genève essaye d'abord le sujet avec pertinence (ou impertinence), de briser à l'occasion le cadrage rectiligne pour souligner un cadrage diagonal, ce qui, étant donnée notre habitude d'une vision à base d'angles droits, engendre un malaise, et pousse souvent celui qui regarde à essayer de corriger "l'erreur" en penchant la tête pour retrouver un horizon correspondant à l'équilibre vertical de l'homme.

SITE 89. PALAIS WILSON

A framing of a disaster. This large hotel was built on land entirely reclaimed from the lake, and in 1924 it was renamed after President Woodrow Wilson in acknowledgement of his involvement with the creation of the Society of Nations. In 1987, a disastrous fire almost entirely destroyed the interior.

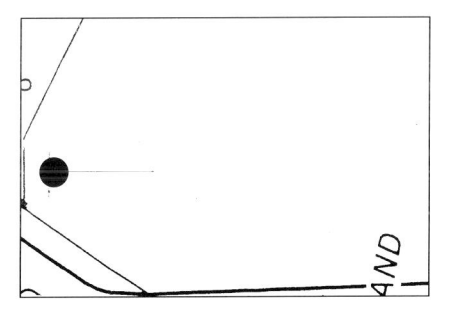

SITE 89. LE PALAIS WILSON

Le cadrage d'un désastre. Ce grand hôtel a été construit sur une partie asséchée du lac. En 1924, on lui a donné le nom du Président Wilson en reconnaissance de sa participation à la création de la Société des Nations. Mais en 1987, un terrible incendie l'a presque entièrement détruit.

The Audience – Open Air Concert

Le Public – Concert en plein air

The Audience – Street Audience

Le Public – Public de rue

SITE 90. THE COROT VIEW ON THE QUAI WILSON

A quotation. A framing that tries to reproduce the same view as a Corot painting, Quai des Pâquis, *of the 1870s, now in the Museum of Art and History in Geneva. It is tempting to believe that the present mature plane trees might be the infant saplings that Corot painted.*

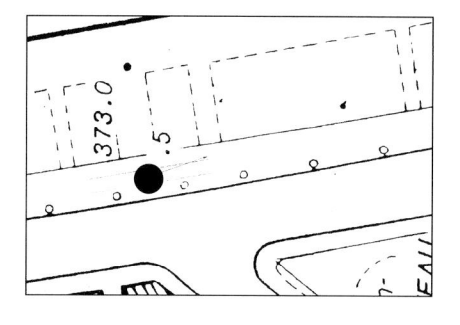

SITE 90. LA VUE DE COROT SUR LE QUAI WILSON

Ce cadrage tente de reproduire, comme une citation, la vue du tableau peint par Corot, Quai des Pâquis, *des années 1870, qui se trouve au Musée d'art et d'histoire de Genève. Il est tentant de croire que les grands vieux platanes actuels sont les jeunes arbres que Corot a peints.*

90

9. THE AUDIENCE

In the film THE BELLY OF AN ARCHITECT, clapping the Pantheon was exhilarating. Not only was it required that the actors should clap that revered building seen under those auspicious moonlit circumstances, but the camera-crew clapped also, as did the watching spectators.

The applause was not wasted. Maybe we were applauding the building's distant author or its long dead patron. Maybe the applause was for the building's history, its vicissitudes or its magnificent decay. Maybe we were exhilarated to be clapping such a particular mixture of stone and shadow. Maybe the applause was to express a sheer exuberant delight in the canons of exhilarating architecture, in an exciting use of space and indeed in the performance of history that has both made and then swept around that building. We were undoubtedly clapping a performance, a performance perhaps of History and Time and Sense of Place, though that performance was not conventionally 'alive' or rehearsed or artificially provided for us as an officially attentive audience. But then why should it be?

This exhibition in Geneva acknowledges this very proposition.

As never before – and especially thanks to television – we are now a perpetual universal audience at the events of History. We are spectators at a 24-hours-a-day, never-ending performance apparently constantly interfered with by a *deus ex machina* of unlimited imagination.

9. LE PUBLIC

Dans le film LE VENTRE DE L'ARCHITECTE, applaudir le Panthéon était extrêmement réjouissant : il fallait non seulement que les acteurs applaudissent cet édifice sacré vu au clair de lune, mais les techniciens applaudirent aussi, tout comme les gens qui regardaient.

Ces applaudissements n'étaient pas vains. Peut-être applaudissions-nous l'auteur de cet édifice antique ou son mécène commanditaire depuis longtemps disparu. Peut-être que ces applaudissements étaient destinés à l'histoire de l'édifice, à ses vicissitudes ou à sa somptueuse décadence. Peut-être étions-nous heureux d'applaudir l'alliance de la pierre et de l'ombre. Peut-être ces applaudissements exprimaient-ils l'exubérance du pur plaisir procuré par les canons d'une architecture réjouissante, par une utilisation surprenante de l'espace et par l'action de l'histoire responsable, à la fois, de la construction et de la ruine du monument. Nous applaudissions sans aucun doute ce spectacle, peut-être une performance de l'Histoire, du Temps et du Sens du Lieu, bien que ce spectacle ne soit pas "vivant" au sens conventionnel du terme, ni répété, ni artificiellement proposé à nos yeux en tant que public attitré. Mais pourquoi le serait-il ?

L'exposition à Genève confirme cette proposition.

Jamais auparavant – et que la télévision en soit remerciée – nous n'avions été un public permanent et universel témoin des événements de l'histoire. Nous sommes spectateurs, vingt quatre heures sur vingt quatre, d'un spectacle sans fin où intervient sans cesse un "deus ex machina" de l'imagination infinie.

SITE 91. MONT BLANC FRAMED BY AN ARM AND A BREAST

A framing of a framing. No survey of Geneva should ignore a view of Mont Blanc. For Genevans, Mont Blanc is a touchstone, forecaster of the first snows, harbinger of a certain romantic sentiment. However – beware – there may be days without end when no Mont Blanc is to be seen.

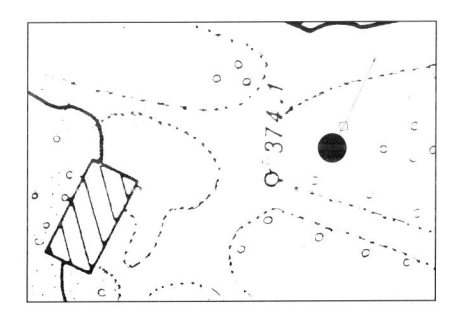

SITE 91. LE MONT-BLANC ENCADRÉ PAR UN BRAS ET UN SEIN

Il s'agit du cadrage d'un cadrage. Aucun aperçu de Genève ne saurait se passer du Mont-Blanc. Pour les genevois, le Mont-Blanc est une pierre-de-touche, le précurseur des premières neiges, le héraut d'un certain romantisme. Mais attention : il peut se passer des jours sans qu'on puisse l'apercevoir.

M is for Mozart

M pour Mozart

Since it has been said that a definition of a performance is any event witnessed by an audience, and delighting therefore in the axiom that audience and performance need one another as equals, my interest in the audience as 'the performance' has grown. I have begun to investigate the audience's participation in the performance they are witnessing in two recent film projects, M IS FOR MOZART and THE BABY OF MÂCON. In both these projects, although the audience was present ostensibly to watch the event, in both cases they became involved with it, to such an extent in THE BABY OF MÂCON that the performance was dramatically realigned according to their intervention.

It is a truism that the most important participant in THE STAIRS – GENEVA will be the audience – deliberately not a seated audience but one that can participate in an entirely perambulatory way, putting their attention to the frame and therefore to the framed event, in their own time and according to their own interest.

La définition même d'un "spectacle" est un évènement regardé par un public. Cet axiome prouve que le public et le spectacle ont autant besoin de l'un que de l'autre. Cette constatation a augmenté mon intérêt pour le public comme "acteur-spectateur". J'ai commencé a enquêter sur la participation du public au spectacle qu'il regarde. J'ai experimenté cette interaction dans deux de mes derniers films : M POUR MOZART et LE BÉBÉ DE MÂCON. Dans ces deux films, bien que le public soit ostensiblement présent pour regarder l'évènement, il devient partie prenante de celui-ci, au point que dans LE BÉBÉ DE MÂCON, la performance a été complètement réajustée en fonction de son intervention.

C'est une verité que d'affirmer que celui qui sera le réel participant de THE STAIRS – GENÈVE, sera le public – non pas un public assis mais un public qui peut participer activement, fixant son attention sur le cadrage et donc sur l'événement cadré, au moment qu'il choisira et selon ses interêts individuels.

SITE 92. VIEW OF THE LAKE FROM THE PÂQUIS DYKE

These last ten framings escape from the urban setting to the natural environment that originally brought the city of Geneva into existence. This wide-shot view, facing due west, is reached by walking out on to the water down a long curving quay built of stones reclaimed from the city's ancient fortifications.

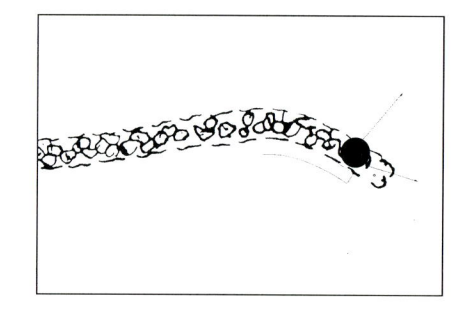

SITE 92. VUE DU LAC DEPUIS LA JETÉE DES PÂQUIS

Ces dix derniers cadrages quittent l'univers urbain pour se tourner vers un environnment naturel qui est à l'origine même de l'existence de Genève. On peut obtenir cette vue en plan large, tourné vers l'ouest, en avançant dans l'eau grâce au quai incurvé construit avec les pierres récupérées des anciennes fortifications.

92

Phrenological busts from the Cardiff exhibition
Some Organising Principles

Bustes phrénologiques de l'exposition de Cardiff
Some Organising Principles

SITE 93. THE LAKE LIGHT-HOUSE FROM THE PÂQUIS DYKE

A framing of the lighthouse which relays a warning from the airport to indicate the approach of sudden storms by a code of flashing light. These forecasts are likely to be more accurate than those signalled by the watchman who lived at the top of the cathedral tower until 1911.

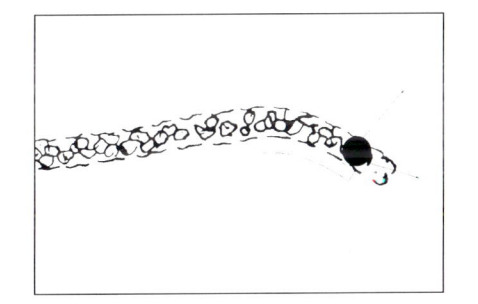

SITE 93. LE PHARE DEPUIS LA JETÉE DES PÂQUIS

Le Phare fait écho aux alertes de l'aéroport pour annoncer les orages sur le lac par un code de signaux lumineux. Il y a de fortes chances que les prévisions de l'aéroport soient plus exactes que celles données par le gardien qui occupait la tour de la cathédrale jusqu'en 1911.

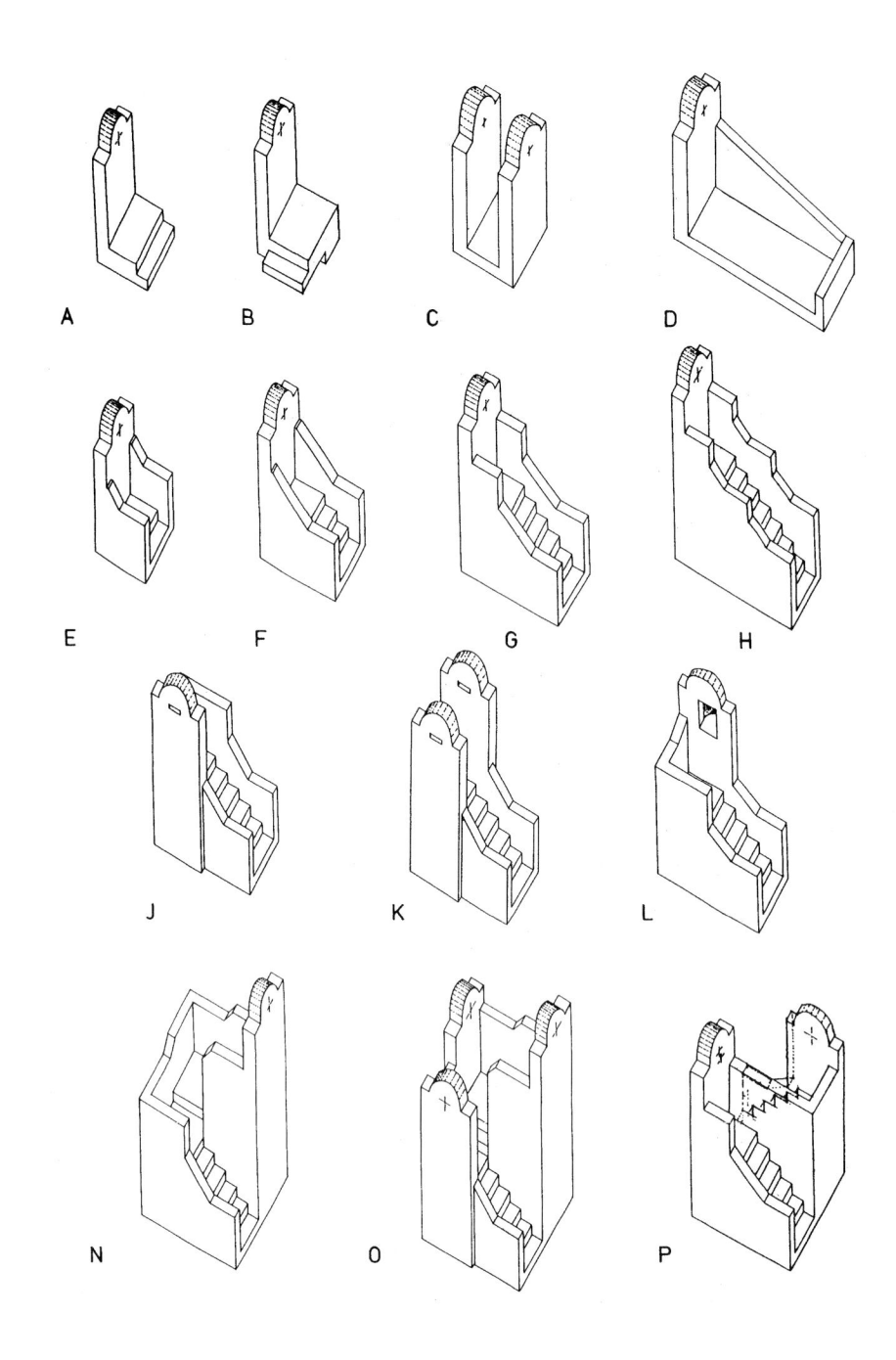

The Staircase Archetypes

Les archétypes de THE STAIRS

SITE 94. THE SALÈVE FROM THE RED CROSS BUILDING

This is a framing principally of the sky and the distant mountains seen from a staircase erected on the roof of the Red Cross Museum. Out of frame to the right and the left are the Embassies of America and Russia. Now – post-Cold War – the tension of their presence has cooled.

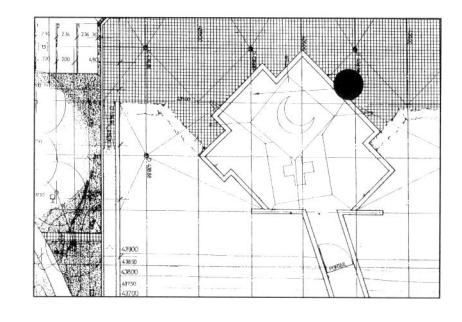

SITE 94. LE SALÈVE DEPUIS LE MUSÉE DE LA CROIX-ROUGE ET DU CROISSANT-ROUGE

Il s'agit ici d'un cadrage du ciel et des montagnes qu'on aperçoit au loin d'un escalier érigé sur le toit du Musée de la Croix-Rouge. Hors-cadre, à droite et à gauche, les ambassades russe et américaine – aujourd'hui, après la guerre froide, la tension de leur présence est tombée.

94

10. THE GENEVA EXHIBITION

The exhibition at Geneva is in four parts.

i) One hundred viewing-frames built into white-painted wooden staircases erected on locations across central Geneva.

ii) A Grand Staircase on the Pumping-House Bridge – representation of all staircases, and projection-site for the numbers 1 to 100.

iii) An exhibition at the Museum of Arts and History called 'The Audience and the Frame'.

iv) A two-part catalogue: the first part being a general introduction to the project and a preview of the 100 sites; the second part containing a nominal frame of each site photographed by day and by night.

Conceivably we have, therefore, the one hundred locations, the encapsulated metaphor, a commentary and the pictorial script. With these, there is material for a 100-day-long, 100-viewpoint film without a camera.

10. L'EXPOSITION DE GENÈVE

L'exposition de Genève comprend quatre parties.

i) Cent points de vue, réalisés sous forme d'escaliers de bois peints en blanc, érigés dans divers lieux du centre de Genève.

ii) Un grand escalier sur le Pont de la Machine – représentation de tous les escaliers, et lieu de projection des numéros de 1 à 100.

iii) Une exposition au Musée d'art et d'histoire intitulée "du cadrage au public".

iv) Un catalogue en deux parties : une introduction générale au projet et une description des 100 sites ; chaque site photographié de jour et de nuit.

Nous avons donc les cent lieux, leur métaphore implicite, un commentaire et le script. Cela constitue le matériel d'un film durant 100 jours avec 100 angles de vue, mais sans caméra.

SITE 95. THE TRACKING VIEWPOINT AT THE MUSEUM OF MODERN ART

This is the only moving viewpoint of the one hundred sites, taking advantage of narrow-gauge rail-tracks at the physics precision-instruments factory, now closed and moved to the suburbs. The factory has been seconded to the display of Modern Art. The tracks are only a nostalgic momento. Art takes over from science.

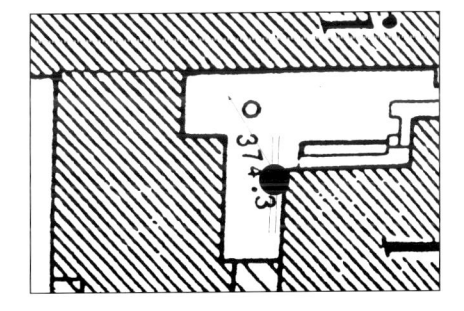

SITE 95. VUE : MUSÉE D'ART MODERNE ET CONTEMPORAIN

Ceci est le seul point de vue mobile des cent sites qui profite de la voie de chemin-de-fer de l'ancienne Société d'instruments de physique, réinstallée en banlieue. L'usine est affectée à des expositions d'art moderne. Les rails ne sont plus qu'un souvenir. L'art succède aujourd'hui à la science.

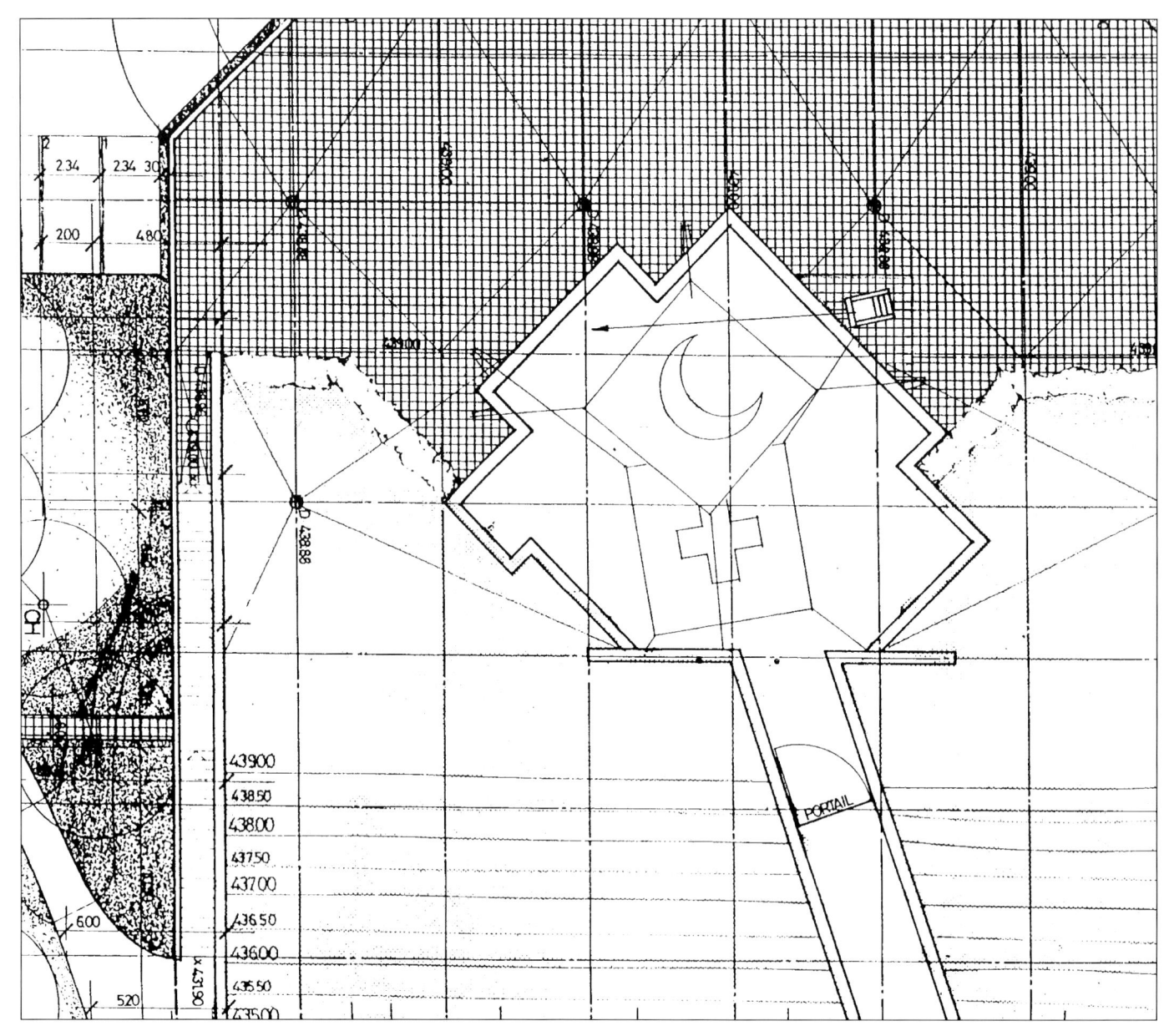

Map of site 94

Carte de site 94

SITE 96. ARRIVALS BOARD AT GENEVA AIRPORT

A framing of moving text (most movies are illustrations of text) that announces journeys from all over Europe. The text is simple – time and cities – but enough to indicate the ever widening ambition of these last ten sites to take THE STAIRS beyond the self-imposed restrictions of Geneva and the Rhone.

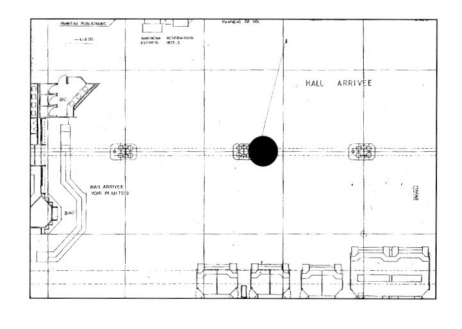

SITE 96. AÉROPORT ARRIVÉE

Un cadrage d'un texte mobile (la plupart des films sont des illustrations de texte) qui annonce des voyages dans toute l'Europe. Le texte est simple – horaires, villes – mais suffit à indiquer l'ambition de ces dix derniers sites à emprunter STAIRS au-delà des restreintes que s'imposent Genève et le Rhône.

96

i) To accommodate the various sites chosen in Geneva for the exhibition, fourteen different staircase viewing platforms, based on a distinct archetype, have been designed to be individually fitted to the circumstances of each location. These viewing platforms will each support a viewfinder that will frame a fixed 'view' of the city which will be illuminated at night by controlled artificial lighting erected for the occasion.

Each staircase will be made of three interlocking parts.

Firstly, since Geneva is built on rising and falling ground around a central and originally fortified hill, to accommodate the different slopes and inclines rectangular bases will be rigidly fixed to the ground by bolts, pins, rods, cement or other means, whether the ground be stone, tarmac, pavement, road, gravel, brick, earth or grass, in order to provide a level surface on which to fix each staircase.

Secondly, each staircase will be made of a blockboard-construction and painted matt-white. It will be constructed with due regard for the safety of the viewer. Some of the staircases may only consist of two steps, some as many as twenty. There may be occasion to make some staircases even higher, in which case extra structural precautions have been considered to make the staircase secure. In some cases, where several site-viewpoints are in close proximity to one another, a composite staircase has been designed to accommodate the multiple views. Each viewing frame is numbered consecutively from 1 to 100.

Thirdly, the viewfinder that 'frames' the view is an optical item fitted and adjusted into the staircase frame-space so that precision of framing can be made to a tolerance of two millimetres.

i) Pour aménager les différents lieux choisis à Genève, quatorze différents escaliers – à partir d'un archétype unique – ont été conçus pour s'intégrer chaque fois au contexte du lieu. Ces plate-formes seront toutes équipées d'un viseur qui cadrera un "morceau" de la ville illuminé la nuit par un éclairage artificiel mis en place pour l'occasion.

Chaque escalier sera fait de trois éléments imbriqués.

Tout d'abord, comme Genève est construite sur un terrain escarpé autour d'une colline autrefois fortifiée, pour épouser les diverses pentes et dénivellations, des socles rectangulaires seront solidement fixés au sol par des boulons, des pointes, des tiges, du ciment et d'autres moyens, selon que le sol soit en pierre, en tarmac, en pavé, en goudron, en gravier, en brique en terre ou en herbe. Cette manutention a pour but d'obtenir une surface plane sur laquelle chaque escalier sera ensuite fixé.

Deuxièmement, chaque escalier sera construit en éléments de bois peints en blanc mat. Il sera construit en tenant bien compte de la sécurité des spectateurs. Certains escaliers pourront avoir seulement deux marches, certains huit ou vingt. On pourra même observer des escaliers plus hauts, et dans ce cas des précautions supplémentaires ont été prises pour la sécurité de leur structure. Occasionnellement lorsque plusieurs lieux d'observation se trouvent à proximité les uns des autres, un escalier à plusieurs "viseurs" a été conçu pour permettre l'observation les divers points de vue. Les viseurs sont numérotés de 1 à 100.

Troisièmement, chaque viseur est un système optique adapté et ajusté à l'escalier pour que la précision du cadrage puisse se faire à deux millimètres près.

SITE 97. PASSENGER-ARRIVALS EXIT AT GENEVA AIRPORT

A second airport framing of entry and arrival, this time populated with bursts of people, not moving text, when each flight – tempered by delays at customs and baggage collection – discharges its load. This is a framed viewpoint that constantly empties and fills with a changing cast of the unsuspecting unexpected.

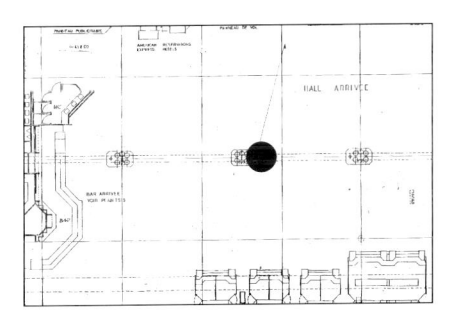

SITE 97. AÉROPORT : ARRIVÉE DES PASSAGERS ET INFORMATIONS REUTERS

Un deuxième cadrage des départs et des arrivées : cette fois pas de texte mobile mais des mouvements de foule lorsque chaque avion – tempéré par l'attente à la douane et aux bagages – se décharge. C'est un cadrage qui se vide et se remplit constamment avec une distribution changeante d'un imprévu insoupçonné.

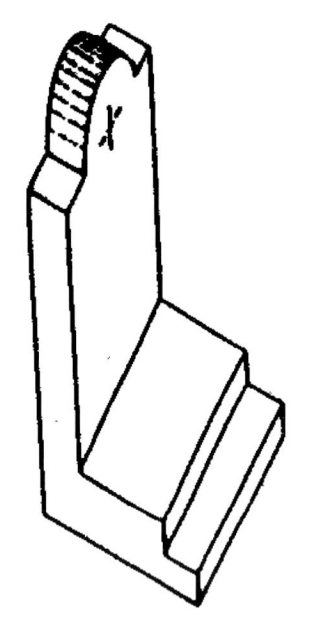

A QUESTION OF ARTIFICIAL LIGHT.
After the dramatic content-circumstances have been decided upon in the choice of each of the 100 sites, the very final decisions made to determine the exact framing have been governed by selecting and balancing formal characteristics, horizontal against vertical factors, watching for a conflict or confluence of two dimensional and three-dimensional shapes, using texture, perspective, colour, and the possibilities of contrast which in the end have a great deal to do with the effect of light.

The decision to choose and frame a location has been made in Spring day-light hours. However, the appreciation of a film-image is often relevant to situations of artificial illumination. And since it is the aim to make these sites operational 24 hours of the day, the possibilities of looking again at each chosen site by artificial light has been seized with enthusiasm. The particular sense of *genius loci* of each location can thus be dramatized, heightened and emphasized - perhaps completely altered. Each site, as a consequence, has been examined at night for the possibilities of dramatizing its characteristics, pin-pointing detail by colour or accent, or by throwing unexpected shadows to break up a space or conceal it. When possible, naturally moving sources like water and wind have been sought out.

To be able to do this in 100 sites in a busy city is extravagant. Very generously indeed, the Industrial Services of Geneva have permitted a collaboration, and, as far as their resources can stretch, it has been possible to make a dramatic light presentation for the majority of the chosen sites.

UNE QUESTION DE LA LUMIÉRE ARTIFICIELLE.
Une fois que les circonstances et le contenu eurent guidé le choix crucial de chacun des 100 sites, les toutes dernières décisions prises en vue de déterminer le cadrage exact ont été guidées par la sélection et l'évaluation des caractéristiques formelles, les éléments favorisant un cadrage horizontal plutôt que vertical, le soin d'éviter tout conflit ou confluence de formes bi- et tri-dimensionnelles en utilisant texture, perspective et couleur, ainsi que les possibilités de contraste qui, finalement, dépendent dans une large mesure de l'effet de la lumière.

La décision du choix et du cadre du site a été prise au printemps et de jour. Cependant, l'appréciation d'une image de film dépend souvent des conditions de l'éclairage artificiel. Et comme le but est de rendre ces sites opérationnels 24 heures sur 24 heures, la chance de reconsidérer chacun de ces sites sous l'angle d'un éclairage artificiel a été saisie avec enthousiasme. Le sens particulier de *genius loci* de chaque site peut ainsi être mis en évidence et souligné de manière théâtrale – et même parfois complètement modifié. Chaque site a donc été examiné la nuit afin d'étudier comment on pouvait faire ressortir ses caractéristiques, soulignant un détail par une couleur ou un accent, ou en y jetant des ombres inattendues pour morceler un espace ou le masquer. Chaque fois que possible, nous avons recherché des sources mouvantes comme l'eau et le vent.

Réaliser cet objectif sur 100 sites d'une ville animée est une vraie gageure. Les Services Industriels de Genève ont très généreusement offert leur collaboration, ce qui nous a permis – dans le cadre des ressources mises à disposition – de présenter la majorité des sites choisis sous un éclairage théâtral.

SITE 98. VIEW NEAR THE SOURCE OF THE RHONE

The source, start and end of the Rhone – from the point of view of Geneva – perhaps the Past, Present and Future. First, a wide panoramic framing of the mountains that surround the source of the river in the Furka Pass. The Rhone starts here before it flows down to Geneva.

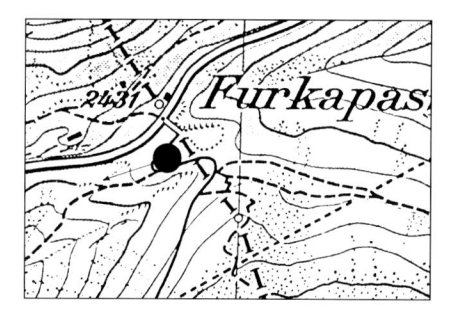

SITE 98. VUE PRÈS DE LA SOURCE DU RHÔNE

Voici la source, le commencement et la fin du Rhône – du point de vue de Genève – peut-être passé, présent et futur. D'abord, un cadrage panoramique des montagnes qui entourent la source du fleuve dans le col de la Furka. Le Rhône commence ici avant d'entamer sa descente vers Genève.

ii) The Old Pumping Station on the Pumping-House Bridge commands a significant view as the lake narrows dramatically to form the River Rhone. It was intended to build a large wooden flight of stairs over and around the existing building, and make it a strong focus-point viewable from many locations in the town. Following the ambitions cited earlier in the original concept of THE STAIRS, the foot of this grand flight of steps was to start in the water of the lake and the head of the staircase was to be surmounted by an arch incorporating the present clock-tower. A large part of this staircase was to have been made sufficiently strong and practical to support at least 100 people at any one time who would have used it as a vantage-point to view the lake and the city from the last and ultimate viewing-platform – platform 100.

However, the circumstances of the Pumping Station, currently under reconstruction, mean that these original ambitious plans have to be modified. A symmetrical staircase will be constructed on the bridge to run parallel to the pedestrian crossing, climbing to the central viewing platform of Site 99 to look out over the lake and the city from a commanding position. The flank of this staircase, after dark, will provide a projection-area for the ubiquitous numbers 1 to 100 that obsessively structure this project.

ii) Le bâtiment de la machine situé sur le pont de la machine offre un panorama impressionnant du lac et du Rhône. Nous allons construire un grand escalier de bois au-dessus et autour du bâtiment existant, qui constituera un unique point de vue visible de plusieurs endroits de la ville. Conformément aux ambitions précédemment citées, le bas de cet escalier devait commencer dans l'eau du lac et le haut de l'escalier devait être couronné d'une arche. Une grande partie de cet escalier devait être suffisamment résistant et pratique pour accueillir au moins 100 personnes à la fois venues admirer le lac et la ville du haut du tout dernier stair numéroté 100.

Cependant, du Pont de la Machine, nous a contraints à quelques modifications. Un escalier symétrique sera construit sur le pont dans l'alignement du passage piéton offrant une vue imprenable sur le lac et sur la ville. La nuit tombée, la partie latérale de l'escalier servira d'écran aux nombres de 1 à 100, qui appartiennent obsessionnellement à ce projet.

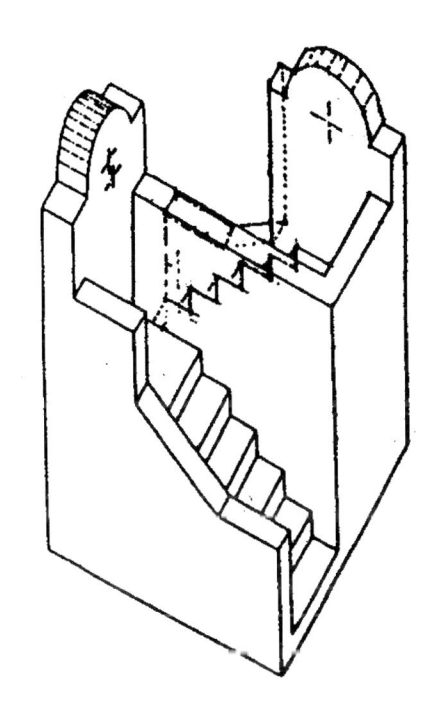

SITE 99. VIEW FROM THE PUMPING-HOUSE BRIDGE

This is a panoramic frame embracing much of the lake and some considerable part of Geneva. The site of this frame's staircase defines the western boundary of the lake as it turns into the waters of the River Rhone that will now travel to the cities of Lyons and Avignon.

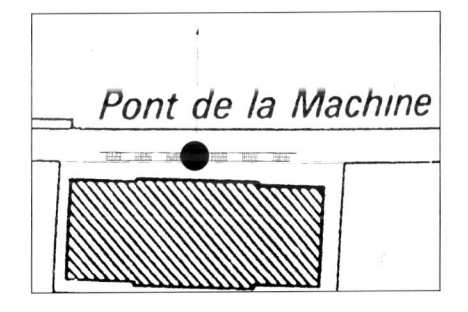

SITE 99. VUE DEPUIS LE PONT DE LA MACHINE

C'est un cadrage panoramique qui englobe à la fois une grande partie du lac et de Genève. Le site de l'escalier de ce cadre délimite la frontière ouest du lac quand il se fond dans les eaux du Rhône qui poursuit sa course vers les villes de Lyon et d'Avignon.

iii) As a centre for the project of THE STAIRS, and in conjunction with a staircase as Site 7, there is an exhibition in Geneva's Museum of Art and History dealing with aspects of the exhibition, most especially the notion of The Audience and The Frame, without which the Location cannot be considered viable and pertinent.

The Museum has a grand, central marble symmetrical staircase, with perspectives reaching up and down from the central entrance hallway, which will provide a dramatic illuminated stage and backdrop for the presentation of Geneva's celebrated siege-ladders, and an audience of portrait-busts taken from the museum's archives. These portrait-heads, in bronze, wood, ceramic and stone, covering a historical period of some two hundred years, make, in effect, a watching audience, certainly an audience confronting visitors to the museum who come themselves to be an audience.

On the upper floors, there is an exhibition on the subject of The Frame and The Audience with paintings and works on paper by Greenaway, staged and illuminated cinematographically by Greenaway's film collaborator Reinier van Brummelen.

iv) The catalogue for the exhibition of THE STAIRS consists of two parts. The first part, a general illustrated introduction to the project, will be available on the first day of the exhibition.

The second part, available on the fiftieth day of the exhibition, will contain a photographic record of the 100-day exhibition, with two installation photographs per viewpoint – one taken by day and one taken at night. The photographs are to be taken by Richard Melloul.

iii) Comme "cœur" du projet STAIRS le Musée d'art et d'histoire de Genève présente une exposition traitant de certains aspects de "l'exposition", principalement liés au public et au cadrage sans lesquels le lien ne serait considéré ni viable, ni pertinent.

Le grand escalier en marbre constituera, une fois éclairé, un espace scénique impressionnant ainsi qu'une toile de fond à la présentation des fameuses échelles du légendaire siège de Genève. Le public se composera d'une série de bustes provenant des caves du Musée. Ces têtes en bronze, en bois, en céramique et en pierre seront les spectateurs comme un public face aux visiteurs du Musée qui viennent eux-mêmes pour être le public.

Dans les étages supérieurs, se tient une exposition sur le thème du Cadre et du Public. Elle est composée de peintures et d'œuvres sur papier, mises en scène et éclairées cinématographiquement par mon collaborateur Reiner van Brummelen.

iv) Le catalogue de l'exposition STAIRS comporte deux parties :

La première, une introduction illustrée, sera disponible dès le premier jour de l'exposition.

La deuxième partie, disponible le 50ème jour, contiendra un bilan photographique des 100 points de vue, avec deux photographies par point de vue, l'une prise de jour et l'autre de nuit. Ces photographies seront mises en scène par Richard Melloul.

SITE 100. VIEW OF THE SEA NEAR MARSEILLES

The last framing at the mouth of the Rhone as the river enters the Mediterranean 400 kilometres from Geneva. The staircase is built on delta mud in an area reserved for the protection of wildlife. This last one hundreth framing looks out to sea with the horizon bisecting the frame.

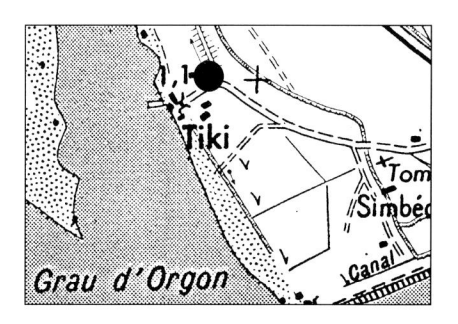

SITE 100. VUE DE LA MER PRÈS DE MARSEILLE

Dernier cadrage à l'embouchure du Rhône quand le fleuve se jette dans la Méditerranée à 400 km de Genève. L'escalier est construit sur la boue du delta dans un lieu sauvage et protégé. Le dernier cadrage est orienté vers la mer avec l'horizon qui coupe exactement le cadre en deux.

SITE 2. THE HENRY MOORE STATUE IN
FRONT OF THE MUSEUM

SITE 2. LA STATUE D'HENRY MOORE
DEVANT LE MUSÉE

2

SITE 1. THE VIEW OF THE LAKE FROM
THE OBSERVATORY HILL

SITE 1. LA VUE DU LAC DEPUIS LA COLLINE
DE L'OBSERVATOIRE

1

INTRODUCTION

The installation of THE STAIRS in Geneva was completed on 23rd April 1994, and this, the second part of the catalogue, contains two photographs of each site as observed through the precisely defined frame of each staircase-site. One photograph has been taken by day and one taken at night, as a brief – very brief – record of the 100 framings made in the city.

Given the nature of a project whose time-frame is a deliberate non-stop 100 days, to represent each framing by only two briefly experienced moments recorded at photographic speeds in excess of 1/24 of a second is fleeting to say the least. It could be calculated that 86,400 such images could be taken every hour – each one different in some large or small detail. Over a period of 100 days the accumulated images would exceed many millions. Which is a demonstration of the variability of visual experience to be had at each framed viewpoint – and a challenge to all those who might declare that "there is nothing to be seen".

I thank the photographer Richard Melloul whose task was a curious and arduous one, in so far as he was completely denied a photographer's essential freedom to frame his own picture, the framing being strictly determined by me; the photographer was only permitted to make a decision about the moment of taking the photograph.

I also take this opportunity to thank and applaud all those many people – curators, sponsors, benefactors, administrators, architects, researchers, carpenters, electricians, painters and many, many others – without whom these framed viewpoints of THE STAIRS could not have been taken.

Peter Greenaway

INTRODUCTION

L'installation des Stairs à Genève s'est achevée le 23 avril 1994. Cette deuxième partie du catalogue présente, pour chaque site, deux photographies du point de vue défini par le viseur (ou les viseurs) de chaque escalier. Une photographie a été prise de jour et une autre de nuit, tel un bref, très bref souvenir des cent cadrages réalisés dans la ville.

La nature d'un tel projet, dont la notion espace-temps est caractérisée par une durée ininterrompue de cent jours et dont chaque cadrage est représenté par seulement deux moments enregistrés à la vitesse photographique de 1/24 sec., nous force de constater que nous sommes dans le domaine de "l'éphémère". Ainsi, nous pourrions comptabiliser 86.400 images par heure, chacune différenciée par un detail plus ou moins important. Sur une période de cent jours le nombre d'images photographiées pourrait dépasser plusieurs millions. Chaque point de vue témoigne de la variabilité de l'expérience visuelle, défiant ainsi tout ceux qui déclarent qu'il n'y a rien à voir.

Je remercie le photographe Richard Melloul dont la tâche fut originale et ardue en ce sens qu'il s'est vu complètement refuser la première liberté du photographe, à savoir celle de cadrer sa propre image, puisque je fus le seul à décider du cadrage. Le talent du photographe fut de choisir le juste moment où il immortaliserait l'image.

Je voudrais également saisir cette occasion pour remercier et applaudir les nombreuses personnes: commissaires, sponsors, bienfaiteurs, adminstrateurs, architectes, chercheurs, charpentiers, électriciens, peintres et beaucoup d'autres encore, sans lesquelles Stairs et ses points de vue encadrés n'auraient pu être créés.

Peter Greenaway

stairs genève
avec le soutien des
SIG
Les Énergies de Genève

The people and institutions that have made the event of THE STAIRS – GENEVA possible are too many to name once more in the second part of this catalogue but for their generosity and contribution to its success Association Stairs would like to extend its particular thanks

In addition to the acknowledgements in Part 1, the Publishers and Association Stairs would like to thank:

Isabelle Meister (Azzurro Matto Photo), photographs pages 76, 78, 79 and 80
Fred Ruegg (Azzurro Matto Photo), photographs pages 65 and 90 (below)
Jean Mohr, photographs pages 63, 64 and 90 (above)

Assistants to Richard Melloul
Xavier Beauchamp, Marc Latzel

Photographic prints
Patrice Josserand, Paris

Translation of Peter Greenaway's text into French
Gérard Mannoni, Paris
Marianne Wansthal, Geneva

Cet événement culturel est le fruit de concours aussi généreux qu'innombrables. L'Association Stairs exprime sa reconnaissance à tous ceux et celles qui ont contribué au succès de cette aventure et qui sont remerciés nommément dans le premier volume de ce catalogue.

En plus des reconnaissances exprimées dans la première partie du catalogue, l'éditeur et l'Association Stairs souhaiteraient remercier:

Isabelle Meister (Azzurro Matto Photo), photographies pages 76, 78, 79 et 80
Fred Ruegg (Azzurro Matto Photo), photographies pages 65 et 90 (en bas)
Jean Mohr, photographies pages 63, 64, et 90 (en haut)

Assistants de Richard Melloul
Xavier Beauchamp, Marc Latzel

Laboratoire
Patrice Josserand, Paris

Traduction en français du texte de Peter Greenaway
Gérard Mannoni, Paris
Marianne Wansthal, Genève

THE STAIRS
GENEVA
PART TWO

THE STAIRS
GENÈVE
DEUXIÈME PARTIE

Photography
Richard Melloul

Photographie
Richard Melloul

Site 1. The view of the lake from the Observatory Hill
Site 2. The Henry Moore statue in front of the museum
Site 3. The Henry Moore framed with a dome of the Russian Orthodox Church
Site 4. The Russian Orthodox Church
Site 5. Museum Staircase One
Site 6. Museum Staircase Two
Site 7. View of the Cathedral from the museum interior
Site 8. The sculptured putti on the museum roof
Site 9. A memorial to two friends in Saint Antoine Square
Site 10. The stairs in the wall in Saint Antoine Square
Site 11. The Calvin College owl
Site 12. The motto of the Calvin College doors
Site 13. The Laura Ashley shop
Site 14. Head of the stairs leading down to the rue d'Italie
Site 15. Halfway down steps leading to the rue d'Italie
Site 16. View of steps looking up from the rue d'Italie
Site 17. The Law Courts
Site 18. The Lutheran temple
Site 19. The Chicken-steps from the bottom
Site 20. The Chicken-steps from the top
Site 21. Cathedral seat at the top of the Chicken-steps
Site 22. A view of the lake from the Agrippa terrace
Site 23. The north staircase of the Agrippa terrace
Site 24. The courtyard of the Maison Mallet
Site 25. The grating in the Maison Mallet courtyard
Site 26. The lake fountain from the Maison Mallet courtyard
Site 27. The cathedral spire from the Maison Mallet courtyard
Site 28. The front porch of the cathedral
Site 29. The statue of Jerome
Site 30. Profile view of the front porch of the cathedral
Site 31. The doorway of the Calvin Auditorium
Site 32. The base of the south tower of the cathedral
Site 33. Cannon in the archive offices
Site 34. The horse staircase in the town-hall
Site 35. The sundial wall overlooking the Salève
Site 36. The children's lion fountain
Site 37. View over the Salève
Site 38. The frontage of the Eynard Palace
Site 39. The Parc des Bastions wall of the Athénée Palace
Site 40. The Athénée Staircase
Site 41. The park staircase of the Palais Eynard
Site 42. The staircase in the rue Bémont
Site 43. The house of the blind
Site 44. The steps of the bankruptcy offices
Site 45. The well in the parc
Site 46. The grotto in the parc
Site 47. Tree-roots in the parc
Site 48. The remembrance statue
Site 49. The terrace at the back of the university library
Site 50. The bust of Carteret outside the university
Site 51. Two aligned busts in the Parc des Bastions
Site 52. David and Goliath in the Parc des Bastions
Site 53. The four Reformers in the Parc des Bastions
Site 54. Detail of a Reformer's coat
Site 55. The Reformer's wall in the Parc des Bastions
Site 56. An English bas-relief in the Parc des Bastions
Site 57. The chess-players
Site 58. Central path in the Parc Bastions
Site 59. The Roman Catholic church from the music conservatory
Site 60. The back of the music conservatory
Site 61. View across the Place Neuve from behind the music conservatory
Site 62. The music conservatory
Site 63. The Opera House
Site 64. The Musée Rath
Site 65. The arm of the statue in the Place Neuve
Site 66. Bust of Henry Dunant in the Place Neuve
Site 67. Steps in the rue de la Cité
Site 68. The Brunswick Monument

Site 69. The plaque commemorating the assassination of the Austrian Empress
Site 70. Raymond Weil in the rue Mont Blanc
Site 71. The statue of Rousseau from the back
Site 72. The statue of Rousseau from the front
Site 73. View of the Pumping House from the Bergues Bridge
Site 74. The fountain from the Bergues Bridge
Site 75. Under the street and above the river in the Quai des Moulins
Site 76. Night deposit safe on the Quai de l'Ile
Site 77. The Berthelier inscription
Site 78. The Berthelier sundial
Site 79. The Peace Statue facing the Pumping-House Bridge
Site 80. The Peace Statue facing downstream
Site 81. The Place Saint Gervais The statue of a boy with a fish – facing the synagogue
Site 82. The statue of a boy with a fish – facing
Site 83. the Plainpalais Cemetery
Site 84. View over the cemetery wall to Calvin's grave
Site 85. Second view over the cemetery wall
Site 86. Third view over the cemetery wall
Site 87. Bust at the ethnographical museum
Site 88. The lakeside sculpture of a boy and his horse
Site 89. Palais Wilson
Site 90. The Corot view on the Quai Wilson
Site 91. Mont Blanc framed by an arm and a breast
Site 92. View of the lake from the Paquis Dyke
Site 93. The lake light-house from the Paquis Dyke
Site 94. The Salève from the Red Cross building
Site 95. The tracking viewpoint at the Museum of Modern Art
Site 96. Arrivals board at Geneva airport
Site 97. Passenger-arrivals exit at Geneva airport
Site 98. View near the source of the Rhone
Site 99. View from the Pumping-House Bridge
Site 100. View of the sea near Marseilles

Site 1. La vue du lac depuis la colline de l'Observatoire
Site 2. La statue d'Henry Moore devant le musée
Site 3. La sculpture d'Henry Moore et une coupole de l'église russe
Site 4. L'église orthodoxe russe
Site 5. Premier escalier du musée
Site 6. Deuxième escalier du musée
Site 7. Vue de la cathédrale depuis l'intérieur de musée
Site 8. Les putti sculptés sur le toit du musée
Site 9. Le memorial de deux amies sur l'esplanade Saint-Antoine
Site 10. L'escalier taillé dans le mur de l'esplanade Saint-Antoine
Site 11. La chouette du collège Calvin
Site 12. La devise sur la porte du collège Calvin
Site 13. La boutique de Laura Ashley
Site 14. Le haut de l'escalier plongeant vers la rue d'Italie
Site 15. Marches intermédiaires descendant vers la rue d'Italie
Site 16. Les marches remontant depuis la rue d'Italie
Site 17. Le Palais de Justice
Site 18. L'église lutherienne évangélique
Site 19. Les "Degrés-de-Poules" depuis le bas
Site 20. Les "Degrés-de-Poules" depuis le haut
Site 21. "Siège" contre le chevet de la cathédrale en haut des "Degrés-de-Poules"
Site 22. Une vue du lac depuis la terrasse Agrippa
Site 23. L'escalier nord de la terrasse Agrippa
Site 24. La cour de la Maison Mallet
Site 25. La grille de la cour de la Maison Mallet
Site 26. Le jet d'eau depuis la cour de la Maison Mallet
Site 27. La flèche de la cathédrale depuis la cour de la Maison Mallet
Site 28. la Maison Mallet
Site 29. Le portique de la cathédrale
Site 30. La statue de Jérôme
Site 31. Vue de profil du portique de la cathédrale
Site 32. La porte d'entrée de l'auditoire Calvin
Site 33. La base de la tour sud de la cathédrale
Site 34. Les canons des Archives

Site 35. L'escalier de chevaux de l'hôtel de ville
Site 36. Le mur du cadran solaire orienté vers le Salève
Site 37. La "fontaine au lion" des enfants
Site 38. Vue vers le Salève
Site 39. La façade du Palais Eynard
Site 40. La façade du Palais de l'Athénée donnant sur le mur du Parc des Bastions
Site 41. L'escalier du Palais de l'Athénée
Site 42. L'escalier du Parc du Palais Eynard
Site 43. L'escalier de la rue Bémont
Site 44. La maison des aveugles
Site 45. Les marches de l'office des poursuites
Site 46. Le puits dans le parc
Site 47. La grotte du parc
Site 48. Racines d'arbres dans le parc
Site 49. La statue du "souvenir"
Site 50. La terrasse derrière la bibliothèque universitaire
Site 51. Deux bustes alignés dans la promenade des Bastions
Site 52. David et Goliath dans le Parc des Bastions
Site 53. Les quatre Réformateurs dans le Parc des Bastions
Site 54. Détail de la redingote d'un grand Électeur
Site 55. Le mur des Réformateurs dans le Parc des Bastions
Site 56. Un bas-relief anglais dans le Parc des Bastions
Site 57. Les joueurs d'échecs
Site 58. L'allée centrale dans le Parc des Bastions
Site 59. L'église catholique romaine depuis le conservatoire de musique
Site 60. L'arrière du conservatoire de musique
Site 61. Vue traversant la Place Neuve depuis le conservatoire de musique
Site 62. Le conservatoire de musique
Site 63. Le Grand-Théâtre
Site 64. Le Musée Rath
Site 65. Bras de la statue de la Place Neuve
Site 66. Buste de Henri Dunant Place Neuve
Site 67. Marches rue de la Cité
Site 68. Le monument Brunswick
Site 69. La plaque commémorative de l'assissinat de l'Impératrice d'Autriche
Site 70. Raymond Weil rue du Mont Blanc
Site 71. La statue de Jean-Jacques Rousseau de dos
Site 72. La statue de Jean-Jacques Rousseau de face
Site 73. Vue du bâtiment de la machine depuis le Pont des Bergues
Site 74. Jet d'eau depuis le Pont des Bergues
Site 75. Au-dessous de la rue au-dessus du fleuve Quai des Moulins
Site 76. Trésor de nuit" du Quai de l'Ile
Site 77. L'inscription de Berthelier
Site 78. Cadran solaire Berthelier
Site 79. La Statue de la Paix et le Pont de la Machine
Site 80. La Statue de la Paix en direction du courant
Site 81. La Place Saint-Gervais
Site 82. La statue du garçon avec le poisson en direction de la synagogue
Site 83. La statue du garçon avec le poisson en direction de cimitière
Site 84. Vue par dessus le mur de cimetière sur la "Tombé Calvin"
Site 85. Deuxième vue par-dessus le mur du cimetière
Site 86. Troisième vue par-dessus le mur de cimetière
Site 87. Buste devant le Musée d'ethnographie
Site 88. La sculpture du garçon et de son cheval au bord du lac
Site 89. Le Palais Wilson
Site 90. La vue de Corot sur le Quai Wilson
Site 91. Le Mont-Blanc encadré par un bras et un sein
Site 92. Vue du lac depuis la jetée des Pâquis
Site 93. Le phare depuis la jetée des Pâquis
Site 94. Le Salève depuis le Musée de la Croix-Rouge et du Croissant-Rouge
Site 95. Vue : Musée d'art moderne et contemporain
Site 96 Aéroport arrivée
Site 97. Aéroport Reuters
Site 98. Vue près de la source du Rhône
Site 99. Vue depuis le Pont de la Machine
Site 100. Vue de la mer près de Marseille

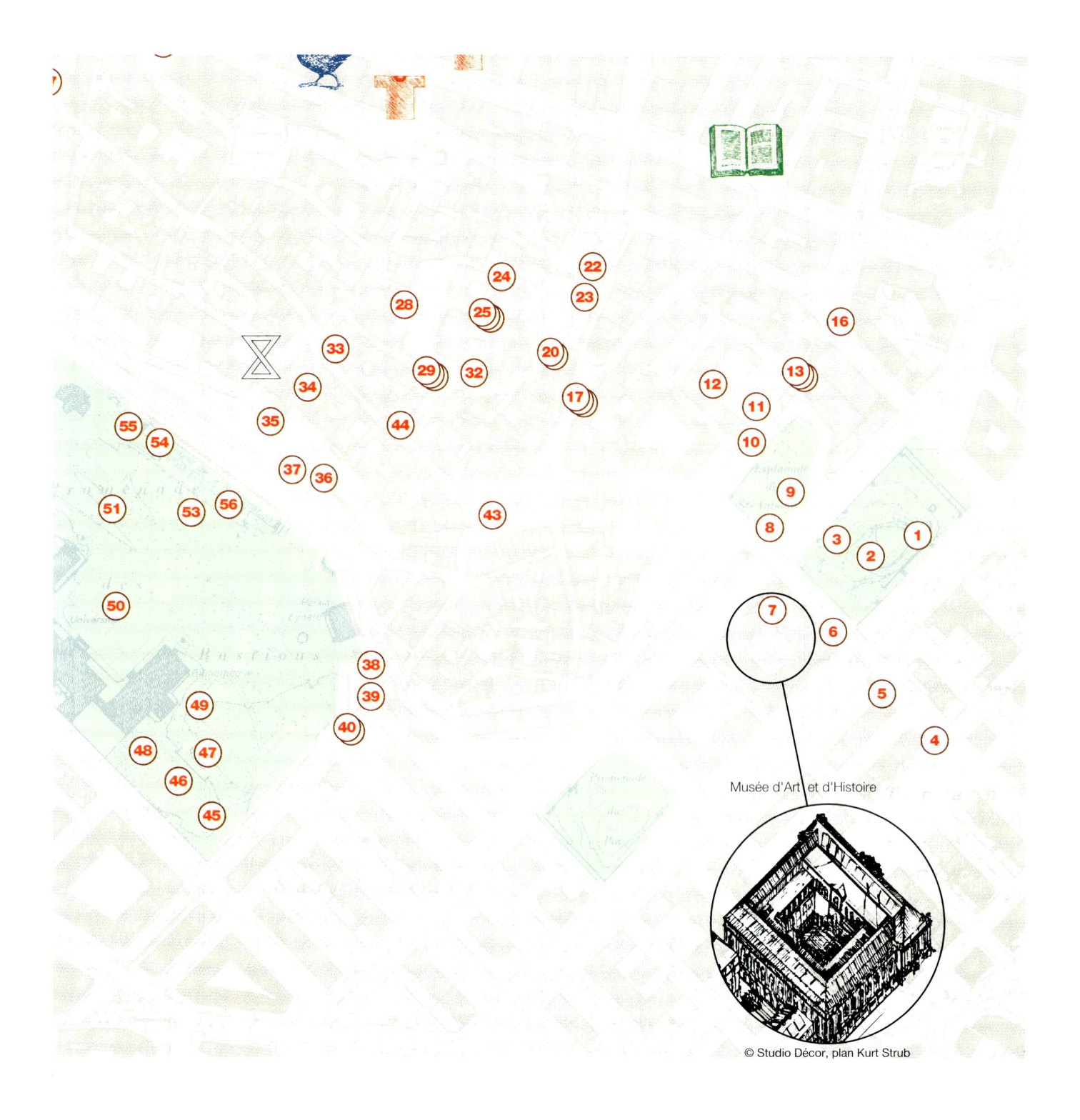

Musée d'Art et d'Histoire

© Studio Décor, plan Kurt Strub

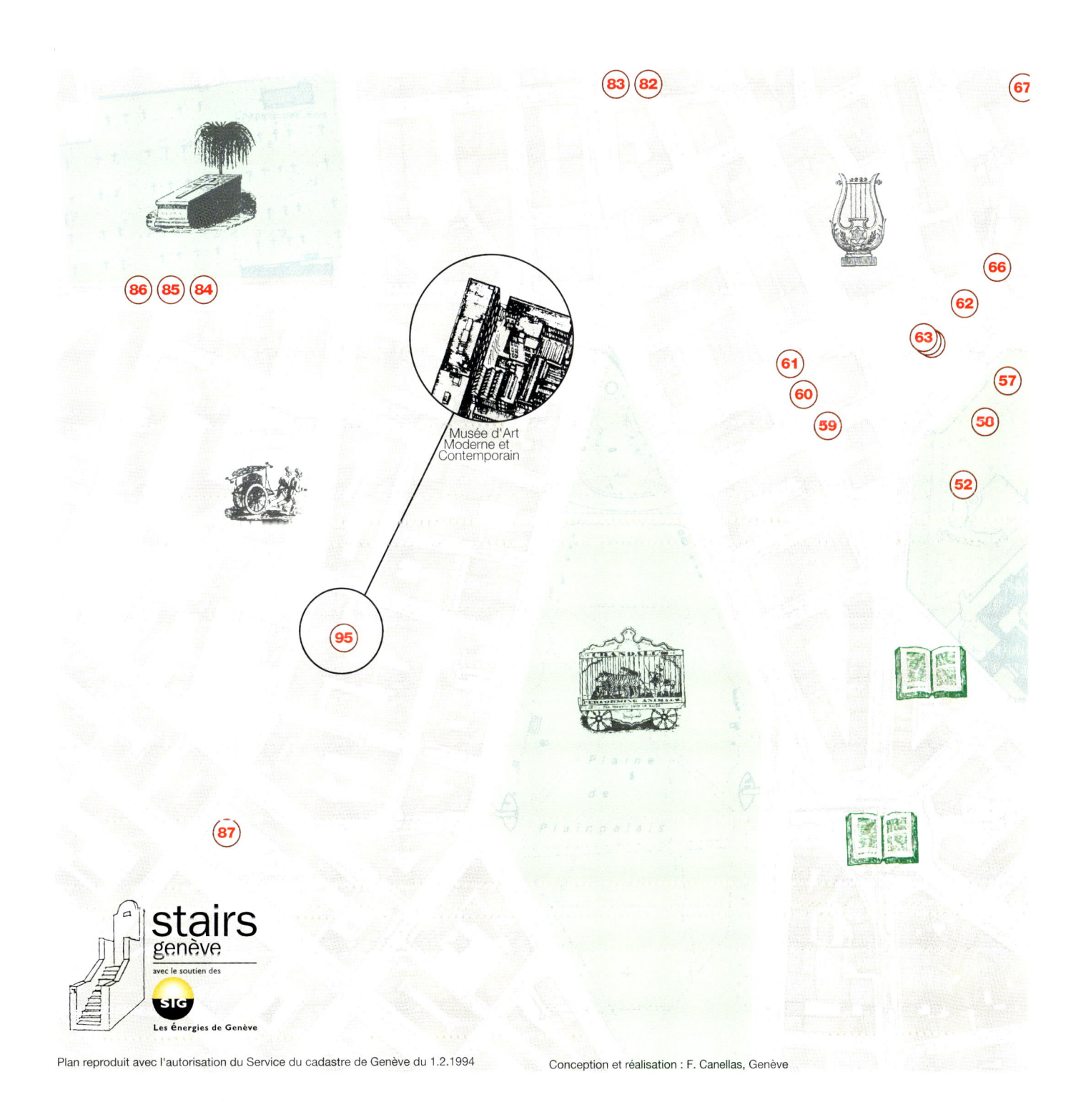

Musée d'Art Moderne et Contemporain

Plan reproduit avec l'autorisation du Service du cadastre de Genève du 1.2.1994

Conception et réalisation : F. Canellas, Genève

stairs genève
avec le soutien des
SIG
Les Énergies de Genève

Genève vu par Peter Greenaway

lac léman

OTG

aéroport

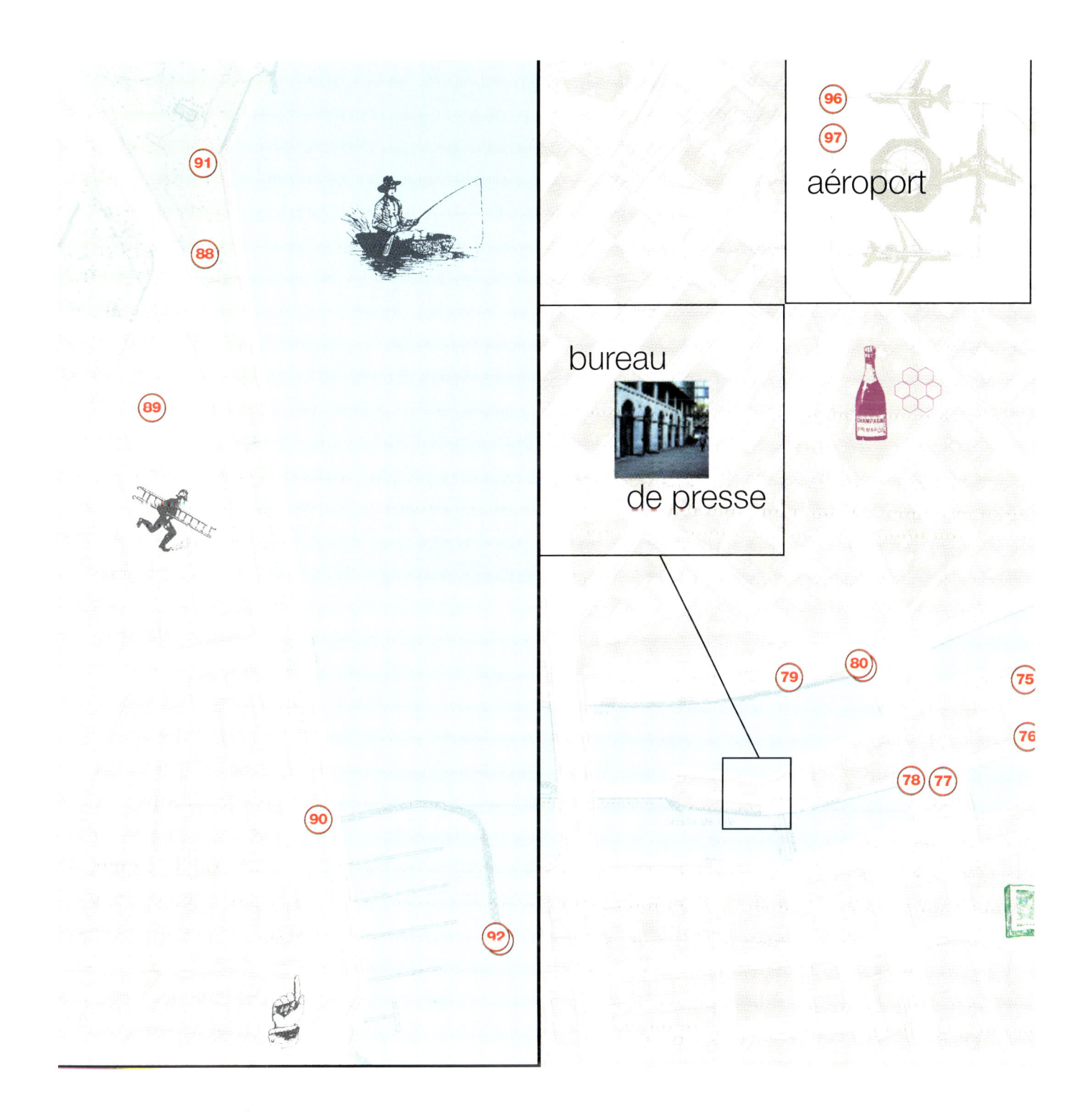

bureau
de presse

75
76
78 77
79 80

88
89
90
91
92
96
97

The interior of the Museum of Art and History

L'intérieur du Musée d'art et d'histoire

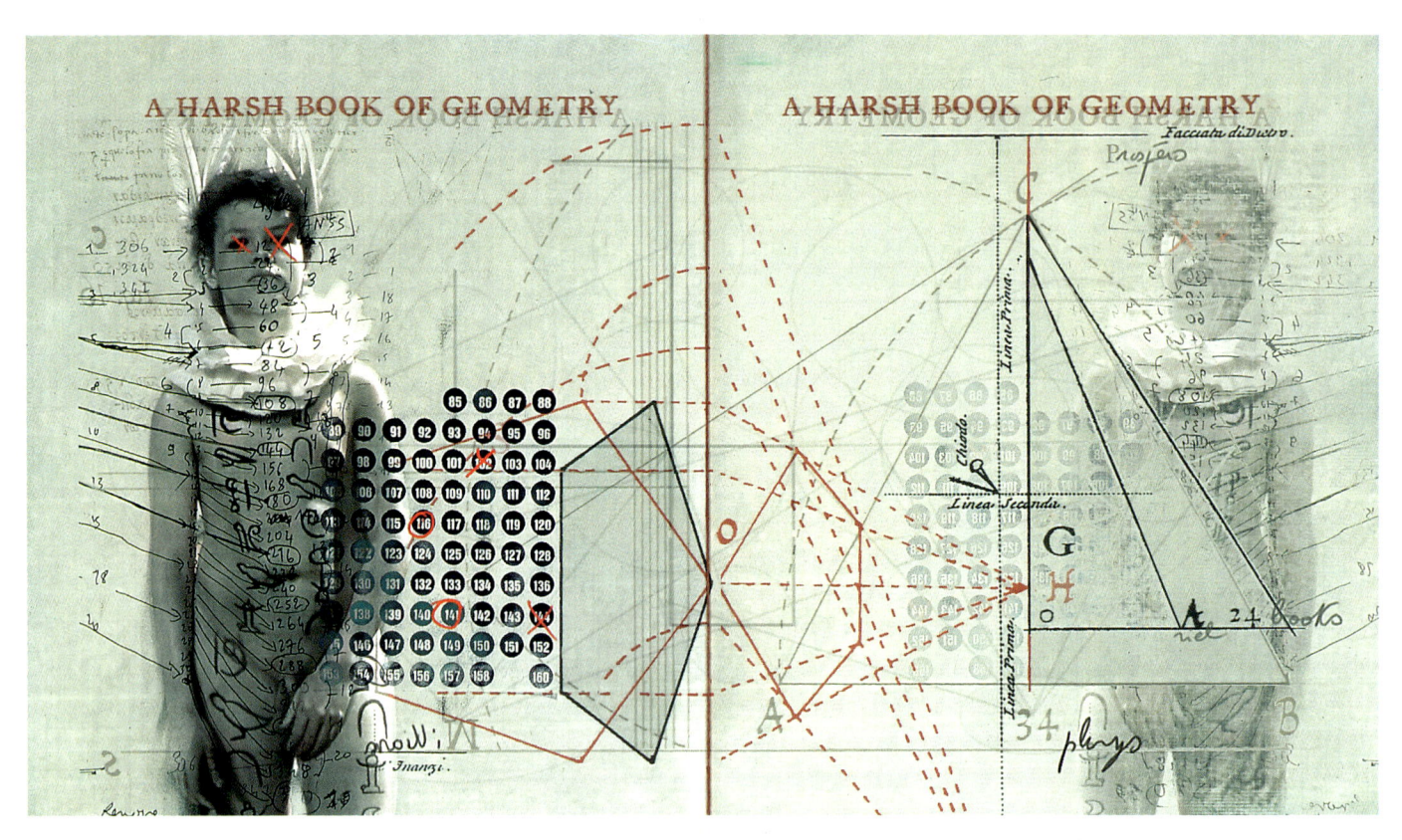

The Harsh Book of Geometry from Prospero's Books

Le "Dur Livre de la Géométrie" dans Prospero's Books

*SITE 3. THE HENRY MOORE FRAMED
WITH A DOME OF THE RUSSIAN
ORTHODOX CHURCH*

*SITE 3. LA SCULPTURE D'HENRY MOORE ET
UNE COUPOLE DE L'EGLISE RUSSE*

3

SITE 4. THE RUSSIAN ORTHODOX
CHURCH

SITE 4. L'EGLISE ORTHODOXE RUSSE

SITE 5. MUSEUM STAIRCASE ONE

SITE 5. PREMIER ESCALIER DU MUSÉE

5

SITE 6. MUSEUM STAIRCASE TWO

SITE 6. DEUXIÈME ESCALIER DU MUSÉE

SITE 7. VIEW OF THE CATHEDRAL FROM
THE MUSEUM INTERIOR

SITE 7. VUE DE LA CATHÉDRALE DEPUIS
L'INTÉRIEUR DE MUSÉE

7

SITE 8. THE SCULPTURED PUTTI ON THE
MUSEUM ROOF

SITE 8. LES PUTTI SCULPTÉS SUR LE TOIT
DU MUSÉE

8

SITE 9. A MEMORIAL TO TWO FRIENDS
IN ST ANTOINE SQUARE

SITE 9. LE MÉMORIAL DE DEUX AMIES SUR
L'ESPLANADE SAINT-ANTOINE

9

SITE 10. THE STAIRS IN THE WALL IN
ST ANTOINE SQUARE

SITE 10. L'ESCALIER TAILLÉ DANS LE MUR
DE L'ESPLANADE SAINT-ANTOINE

10

SITE 11. THE CALVIN COLLEGE OWL

SITE 11. LA CHOUETTE DU COLLÈGE CALVIN

11

SITE 12. THE MOTTO OF THE CALVIN COLLEGE DOORS

SITE 12. LA DEVISE SUR LA PORTE DU COLLÈGE CALVIN

12

SITE 13. THE LAURA ASHLEY SHOP

SITE 13. LA BOUTIQUE DE LAURA ASHLEY

13

SITE 14. HEAD OF THE STAIRS LEADING
DOWN TO THE RUE D'ITALIE

SITE 14. LE HAUT DE L'ESCALIER
PLONGEANT VERS LA RUE D'ITALIE

14

SITE 15. HALFWAY DOWN STEPS
LEADING TO THE RUE D'ITALIE

SITE 15. MARCHES INTERMÉDIAIRES
DESCENDANT VERS LA RUE D'ITALIE

15

SITE 16. VIEW OF STEPS LOOKING UP
FROM THE RUE D'ITALIE

SITE 16. LES MARCHES REMONTANT DEPUIS
LA RUE D'ITALIE

16

SITE 17. THE LAW COURTS

SITE 17. LE PALAIS DE JUSTICE

17

SITE 18. THE LUTHERAN TEMPLE

SITE 18. L'ÉGLISE LUTHÉRIENNE ÉVANGÉLIQUE

18

SITE 19. THE CHICKEN-STEPS FROM THE
BOTTOM

SITE 19. LES "DEGRÉS-DE-POULES" DEPUIS
LE BAS

19

SITE 20. THE CHICKEN-STEPS FROM THE TOP

SITE 20. LES "DEGRÉS-DE-POULES" DEPUIS LE HAUT

20

SITE 21. CATHEDRAL SEAT AT THE TOP
OF THE CHICKEN-STEPS

SITE 21. "SIÈGE" CONTRE LE CHEVET DE LA
CATHÉDRALE EN HAUT DES "DEGRÉS-DE-
POULES"

21

SITE 22. A VIEW OF THE LAKE FROM THE AGRIPPA TERRACE

SITE 22. UNE VUE DU LAC DEPUIS LA TERRASSE AGRIPPA

22

SITE 23. THE NORTH STAIRCASE OF THE
AGRIPPA TERRACE

SITE 23. L'ESCALIER NORD DE LA
TERRASSE AGRIPPA

23

SITE 24. THE COURTYARD OF THE
MAISON MALLET

SITE 24. LA COUR DE LA MAISON MALLET

24

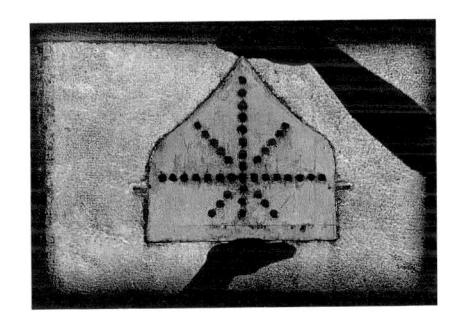

SITE 25. THE GRATING IN THE MAISON
MALLET COURTYARD

SITE 25. LA GRILLE DE LA COUR DE LA
MAISON MALLET

25

SITE 26. THE LAKE FOUNTAIN FROM THE MAISON MALLET COURTYARD

SITE 26. LE JET D'EAU DEPUIS LA COUR DE LA MAISON MALLET

26

SITE 27. THE CATHEDRAL SPIRE FROM THE MAISON MALLET COURTYARD

SITE 27. LA FLÈCHE DE LA CATHÉDRALE DEPUIS LA COUR DE LA MAISON MALLET

SITE 28. THE FRONT PORCH OF THE
CATHEDRAL

SITE 28. LE PORTIQUE DE LA CATHÉDRALE

28

SITE 29. THE STATUE OF JEROME 							SITE 29. LA STATUE DE JÉRÔME

29

SITE 30. PROFILE VIEW OF THE FRONT
PORCH OF THE CATHEDRAL

SITE 30. VUE DE PROFIL DU PORTIQUE DE
LA CATHÉDRALE

30

SITE 31. THE DOORWAY OF THE CALVIN
AUDITORIUM

SITE 31. LA PORTE D'ENTRÉE DE
L'AUDITOIRE CALVIN

31

SITE 32. THE BASE OF THE SOUTH
TOWER OF THE CATHEDRAL

SITE 32. LA BASE DE LA TOUR SUD DE LA
CATHÉDRALE

32

SITE 33. CANNON IN THE ARCHIVE OFFICES

SITE 33. LES CANONS DES ARCHIVES

SITE 34. THE HORSE STAIRCASE IN THE TOWN-HALL

SITE 34. L'ESCALIER DE CHEVAUX DE L'HÔTEL DE VILLE

34

SITE 35. THE SUNDIAL WALL
OVERLOOKING THE SALÈVE

SITE 35. LE MUR DU CADRAN SOLAIRE
ORIENTE VERS LE SALÈVE

35

SITE 36. THE CHILDREN'S LION FOUNTAIN

SITE 36. LA "FONTAINE AU LION" DES ENFANTS

36

SITE 37. VIEW OVER THE SALÈVE   **SITE 37. VUE VERS LE SALÈVE**

37

SITE 38. THE FRONTAGE OF THE
EYNARD PALACE

SITE 38. LA FAÇADE DU PALAIS EYNARD

38

SITE 39. THE PARC DES BASTIONS WALL
OF THE ATHÉNÉE PALACE

SITE 39. LA FAÇADE DU PALAIS DE
L'ATHÉNÉE DONNANT SUR LE MUR DU PARC
DES BASTIONS

39

SITE 40. THE ATHÉNÉE PALACE STAIRCASE

SITE 40. L'ESCALIER DU PALAIS DE L'ATHÉNÉE

40

SITE 41. THE PARK STAIRCASE OF THE
PALAIS EYNARD

SITE 41. L'ESCALIER DU PARC DU PALAIS
EYNARD

41

SITE 42. THE STAIRCASE IN THE RUE BÉMONT

SITE 42. L'ESCALIER DE LA RUE BÉMONT

42

SITE 43. THE HOUSE OF THE BLIND    SITE 43. LA MAISON DES AVEUGLES

43

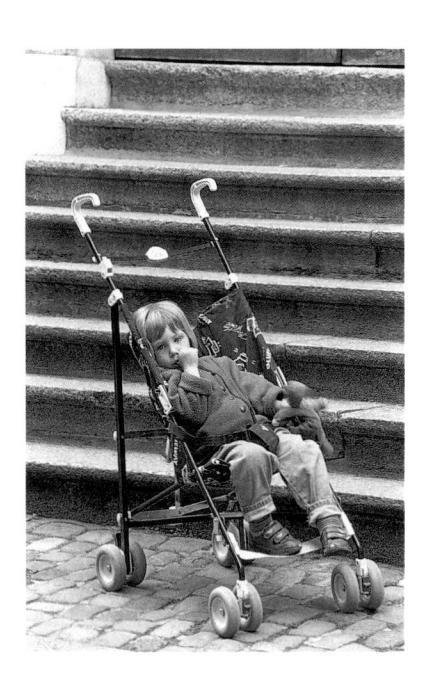

SITE 44. THE STEPS OF THE BANKRUPTCY OFFICES

SITE 44. LES MARCHES DE L'OFFICE DES POURSUITES

44

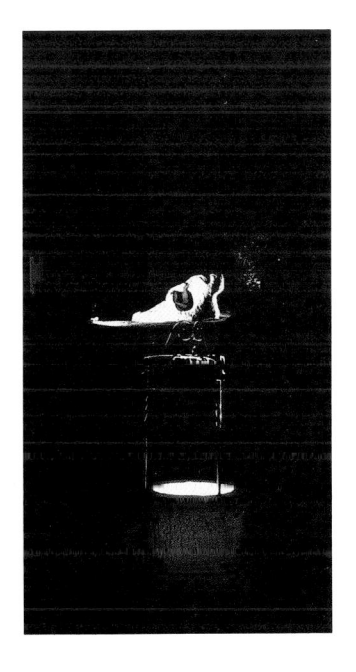

SITE 45. THE WELL IN THE PARC

SITE 45. LE PUITS DANS LE PARC

45

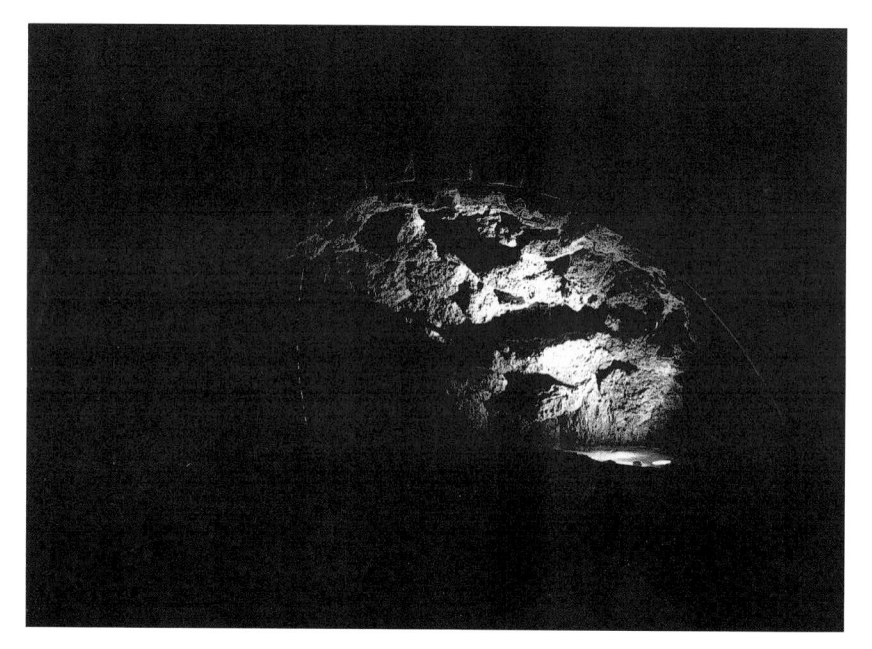

SITE 46. THE GROTTO IN THE PARC

SITE 46. LA GROTTE DU PARC

46

SITE 47. TREE-ROOTS IN THE PARC

SITE 47. RACINES D'ARBRES DANS LE PARC

47

SITE 48. THE REMEMBRANCE STATUE

SITE 48. LA STATUE DU "SOUVENIR"

48

SITE 49. THE TERRACE AT THE BACK OF
THE UNIVERSITY LIBRARY

SITE 49. LA TERRASSE DERRIÈRE LA
BIBLIOTHÈQUE UNIVERSITAIRE

49

SITE 50. THE BUST OF CARTERET
OUTSIDE THE UNIVERSITY

SITE 50. LE BUSTE DE CARTERET DEVANT
L'UNIVERSITÉ

50

SITE 51. TWO ALIGNED BUSTS IN THE PARC DES BASTIONS

SITE 51 DEUX BUSTES ALIGNÉS DANS LA PROMENADE DES BASTIONS

51

SITE 52. DAVID AND GOLIATH IN THE
PARC DES BASTIONS

SITE 52. DAVID ET GOLIATH DANS LE PARC DES BASTIONS

52

SITE 53. THE FOUR REFORMERS IN THE PARC DES BASTIONS

SITE 53. LES QUATRE RÉFORMATEURS DANS LE PARC DES BASTIONS

53

SITE 54. DETAIL OF A REFORMER'S COAT

SITE 54. DÉTAIL DE LA REDINGOTE D'UN GRAND ÉLECTEUR

54

SITE 55. THE REFORMERS' WALL IN THE
PARC DES BASTIONS

SITE 55. LE MUR DES RÉFORMATEURS
DANS LE PARC DES BASTIONS

SITE 56. AN ENGLISH BAS-RELIEF IN THE
PARC DES BASTIONS

SITE 56. UN BAS-RELIEF ANGLAIS DANS LE
PARC DES BASTIONS

56

SITE 57. THE CHESS-PLAYERS

SITE 57. LES JOUEURS D'ÉCHECS

57

SITE 58. CENTRAL PATH IN THE PARC
DES BASTIONS

SITE 58. L'ALLÉE CENTRALE DANS LE PARC
DES BASTIONS

58

SITE 59. THE ROMAN CATHOLIC CHURCH
FROM THE MUSIC CONSERVATORY

SITE 59. L'EGLISE CATHOLIQUE ROMAINE
DEPUIS LE CONSERVATOIRE DE MUSIQUE

59

SITE 60. THE BACK OF THE MUSIC
CONSERVATORY

SITE 60. L'ARRIÈRE DU CONSERVATOIRE
DE MUSIQUE

60

SITE 61. VIEW ACROSS THE PLACE NEUVE FROM BEHIND THE MUSIC CONSERVATORY

SITE 61. VUE TRAVERSANT LA PLACE NEUVE DEPUIS LE CONSERVATOIRE DE MUSIQUE

61

SITE 62. THE MUSIC CONSERVATORY

SITE 62. LE CONSERVATOIRE DE MUSIQUE

62

SITE 63. THE OPERA HOUSE

SITE 63. LE GRAND-THÉÂTRE

63

SITE 64. THE MUSÉE RATH

SITE 64. LE MUSÉE RATH

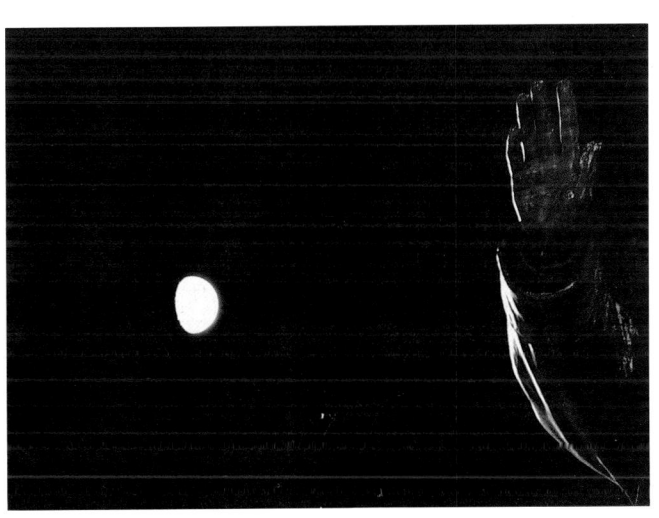

SITE 65. THE ARM OF THE STATUE IN
THE PLACE NEUVE

SITE 65. BRAS DE LA STATUE DE LA PLACE
NEUVE

65

SITE 66. BUST OF HENRY DUNANT IN THE
PLACE NEUVE

SITE 66. BUSTE DE HENRI DUNANT PLACE
NEUVE

66

SITE 67. STEPS IN THE RUE DE LA CITÉ    **SITE 67. MARCHES RUE DE LA CITÉ**

SITE 68. THE BRUNSWICK MONUMENT    SITE 68. LE MONUMENT BRUNSWICK

SITE 69. THE PLAQUE COMMEMORATING
THE ASSASSINATION OF THE AUSTRIAN
EMPRESS

SITE 69. LA PLAQUE COMMÉMORATIVE DE
L'ASSASSINAT DE L'IMPÉRATRICE
D'AUTRICHE

69

SITE 70. RAYMOND WEIL IN THE RUE
MONT BLANC

SITE 70. RAYMOND WEIL RUE DU MONT
BLANC

70

SITE 71. THE STATUE OF ROUSSEAU
FROM THE BACK

SITE 71. LA STATUE DE JEAN-JACQUES
ROUSSEAU DE DOS

71

SITE 72. THE STATUE OF ROUSSEAU
FROM THE FRONT

*SITE 72. LA STATUE DE JEAN-JACQUES
ROUSSEAU DE FACE*

SITE 73. VIEW OF THE PUMPING HOUSE
FROM THE BERGUES BRIDGE

SITE 73. VUE DU BÂTIMENT DE LA MACHINE
DEPUIS LE PONT DES BERGUES

73

SITE 74. THE FOUNTAIN FROM THE
BERGUES BRIDGE

SITE 74. JET D'EAU DEPUIS LE PONT DES
BERGUES

74

SITE 75. UNDER THE STREET AND ABOVE
THE RIVER IN THE QUAI DES MOULINS

SITE 75. AU-DESSOUS DE LA RUE AU-
DESSUS DU FLEUVE QUAI DES MOULINS

75

SITE 76 NIGHT DEPOSIT SAFE ON THE
QUAI DE L'ILE

SITE 76. "TRÉSOR DE NUIT" DU QUAI DE
L'ÎLE

76

SITE 77. THE BERTHELIER INSCRIPTION  *SITE 77. L'INSCRIPTION DE BERTHELIER*

77

SITE 78. THE BERTHELIER SUNDIAL

SITE 78. CADRAN SOLAIRE BERTHELIER

SITE 79. THE PEACE STATUE FACING
THE PUMPING-HOUSE BRIDGE

SITE 79. LA STATUE DE LA PAIX ET LE PONT
DE LA MACHINE

SITE 80. THE PEACE STATUE FACING
DOWNSTREAM

SITE 80. LA STATUE DE LA PAIX EN
DIRECTION DU COURANT

SITE 81. THE PLACE SAINT GERVAIS

SITE 81. LA PLACE SAINT-GERVAIS

81

SITE 82. THE STATUE OF A BOY WITH A
FISH – FACING THE SYNAGOGUE

SITE 82. LA STATUE DU GARÇON AVEC LE
POISSON EN DIRECTION DE LA SYNAGOGUE

82

SITE 83. THE STATUE OF A BOY WITH A
FISH – FACING THE PLAINPALAIS
CEMETERY

SITE 83. LA STATUE DU GARÇON AVEC LE
POISSON EN DIRECTION DE CIMETIÈRE

SITE 84. VIEW OVER THE CEMETERY
WALL TO CALVIN'S GRAVE

SITE 84. VUE PAR DESSUS LE MUR DE
CIMETIÈRE SUR LA "TOMBÉ CALVIN"

84

SITE 85. SECOND VIEW OVER THE
CEMETERY WALL

SITE 85. DEUXIÈME VUE PAR-DESSUS LE
MUR DU CIMETIÈRE

85

SITE 86. THIRD VIEW OVER THE
CEMETERY WALL

SITE 86. TROISIÈME VUE PAR-DESSUS LE
MUR DE CIMETIÈRE

*SITE 87. BUST AT THE
ETHNOGRAPHICAL MUSEUM*

**SITE 87. BUSTE DEVANT LE MUSÉE
D'ETHNNOGRAPHIE**

87

SITE 88. THE LAKESIDE SCULPTURE OF A
BOY AND HIS HORSE

SITE 88. LA SCULPTURE DU GARÇON ET DE
SON CHEVAL AU BORD DU LAC

SITE 89. PALAIS WILSON

SITE 89. LE PALAIS WILSON

89

SITE 90. THE COROT VIEW ON THE QUAI WILSON

SITE 90. LA VUE DE COROT SUR LE QUAI WILSON

SITE 91. MONT BLANC FRAMED BY AN
ARM AND A BREAST

SITE 91. LE MONT-BLANC ENCADRÉ PAR UN
BRAS ET UN SEIN

SITE 92. VIEW OF THE LAKE FROM THE
PÂQUIS DYKE

SITE 92. VUE DU LAC DEPUIS LA JETÉE DES
PÂQUIS

92

SITE 93. THE LAKE LIGHT-HOUSE FROM
THE PÂQUIS DYKE

SITE 93. LE PHARE DEPUIS LA JETÉE DES
PÂQUIS

SITE 94. THE SALÈVE FROM THE RED
CROSS BUILDING

SITE 94. LE SALÈVE DEPUIS LE MUSÉE DE
LA CROIX-ROUGE ET DU CROISSANT-ROUGE

94

SITE 95. THE TRACKING VIEWPOINT AT
THE MUSEUM OF MODERN ART

SITE 95. VUE : MUSÉE D'ART MODERNE ET
CONTEMPORAIN

95

SITE 96. ARRIVALS BOARD AT GENEVA AIRPORT

SITE 96. AÉROPORT ARRIVÉE

96

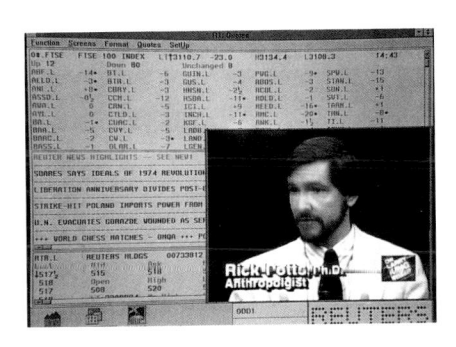

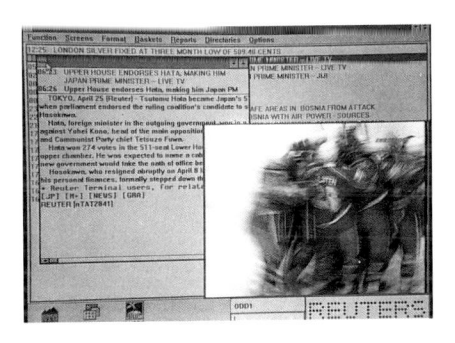

SITE 97. PASSENGER-ARRIVALS EXIT AT
GENEVA AIRPORT

SITE 97 AÉROPORT : ARRIVÉE DES
PASSAGERS ET INFORMATIONS REUTERS

97

At the time of the preparation of this catalogue, late snow in the high mountains at the site of the sources of the River Rhone prevented the installation of the staircase for Site 98. As soon as the weather conditions permit, the staircase will be installed and appropriate site photographs will be taken.

Au moment de la mise sous presse de ce catalogue, la neige au Col de la Furka n'a pas permis l'installation de l'escalier sur le site 98, où se trouve la source du Rhône. Dès que les conditions météorologiques le permettront, l'escalier sera installé et les photographies des vues de jour et de nuit seront effectuées.

SITE 98. VIEW NEAR THE SOURCE OF THE RHONE

SITE 98. VUE PRÈS DE LA SOURCE DU RHÔNE

SITE 99. VIEW FROM THE PUMPING-
HOUSE BRIDGE

SITE 99. VUE DEPUIS LE PONT DE LA
MACHINE

99

At the time of the preparation of this catalogue, heavy flooding and the prospect of more flooding to come at the site chosen to represent the mouth of the River Rhone near Marseilles prevented the installation of the staircase for Site 100. As soon as the weather conditions permit, the staircase will be installed and appropriate site photographs taken.

Au moment de la mise sous presse de ce catalogue, les inondations en Camargue n'ont pas permis l'installation de l'escalier au site 100, placé dans le delta du Rhône. Dès que les conditions météorologiques le permettront, l'escalier sera installé et les photographies des vues de jour et de nuit seront effectuées.

SITE 100. VIEW OF THE SEA NEAR MARSEILLES

SITE 100. VUE DE LA MER PRÈS DE MARSEILLE

100